帮助企业员工提高道德修养，重塑道德之魂的首选读物。

——题记

——信息时代的品质阅读——

邱尊社 编著

企业员工道德修养读本

QIYEYUANGONG DAODEXIUYANG DUBEN

凝聚道德力量 弘扬时代精神

世界知识出版社

图书在版编目（CIP）数据

企业员工道德修养读本 / 邱尊社编著.—北京：
世界知识出版社，2013.9
ISBN 978-7-5012-4540-6
I.①企… II. ①邱… III.①企业-职工-道德修养
IV.①F272.92

中国版本图书馆CIP数据核字（2013）第216465号

全程策划 唐人易和
责任编辑 张永椿
责任出版 刘 喆
封面设计 小糖人设计

书 名 企业员工道德修养读本
Qiye Yuangong Daode Xiuyang Duben

作 者 邱尊社

出版发行 世界知识出版社
地址邮编 北京市东城区干面胡同51号（100010）
电 话 010-65265923（发行） 010-85119023（邮购）
网 址 www.wap1934.com
印 刷 北京市凯鑫彩色印刷有限公司
经 销 新华书店
开本印张 710×1000毫米 1/16 14.5印张
字 数 199千字
版次印次 2013年11月第一版 2013年11月第一次印刷
标准书号 ISBN 978-7-5012-4540-6
定 价 29.80元

序言

PREFACE

加强企业道德建设刻不容缓

作为北京大学马克思主义学院的副院长和社会经济与文化研究中心的副主任，如何让思想教育工作落地是我多年以来一直在研究和探讨的问题。其中，道德与企业发展之间的联系是我的一个主攻方向。我发现，那些员工道德素养较高的企业，其效益和社会声誉往往也比较好；那些员工道德素质相对较低的企业，其效益则往往不是十分理想，且大多短命。比如说 “三聚氰胺奶粉事件”使三鹿业败人毁，“瘦肉精事件”使双汇名誉扫地；而提倡“做企业就是做良心”的老干妈成为家喻户晓的放心品牌。如今大多企业都对上市趋之若鹜时，创始人陶华碧却敢放豪言：“我坚决不上市，一上市，就可能倾家荡产。上市那是欺骗人家的钱，有钱你就拿，把钱圈了，喊他来入股，到时候把钱吸走了，我来还债，我才不干呢。还有一个原因是什么？我告诉你们年轻人一个道理，人有压力，就有动力。”而提倡“德比天大，出版人的良心”的唐人文化集团也是一直受人尊崇。可以说，企业道德建设对于企业发展意义重大。

缺“德”的企业文化直接导致企业“软暴力”盛行，从而导致成本增加。面对“软暴力”，再完善的管理制度也只能是望“软”兴叹。缺“德”的企业文化使其抗风险能力降低，让一个巨无霸企业瞬间崩盘；而有“德”的企业往往能够和谐发展，实现永续经营、基业长青。因此，提升全员道德修养是解决企业“软暴力”和降低企业运行成本的不二法宝。

企业员工道德水平的提高为意识形态的巩固和经济的积累起到了明显的推动作用。伴随着社会主义市场经济的发展，伴随着各种企业文化的全面开花、结果，现代企业中员工的精神风貌有了大幅度提高，员工的职业道德也有了很大提升，观念更新、奋发向上、勇于奉献成为主流，经过员工有形的手创造的国家财富越来越得到国民的认可，为我国经济的增长和社会的和谐稳定发展作出了巨大贡献。但不可否认的是，在社会主义市场经济大潮的冲击下，新旧思想道德发生冲撞，在一些企业中，一些员工身上，世界观、人生观、价值观发生了扭曲，思想道德出现了滑坡，特别是在一些年轻员工中问题比较突出。因此，加强员工思想道德建设成了现代企业的固本工程，是企业实现两个根本性转变、加快改革发展步伐的迫切需要，更是企业取之不尽用之不竭的资源。

为此，我编写了《企业员工道德修养读本》一书。全书以社会主义核心价值观为指导，大力弘扬民族精神和时代精神，主要分为企业文化和员工素养两大内容，其中第一章着重从企业文化建设方面论述道德建设的必要性和紧迫性，后九章从中华民族传统道德修养规范的“忠、孝、仁、义、礼、智、廉、信、感恩”九个方面寓以时代新意，阐述了加强现代企业员工道德修养的必要性和可操作性，是各个企业文化建设的首选读物。

古今中外无数志士仁人已经给我们做出了道德典范，我们只需要不断从中国五千年传统文化中、从世界文明的精神财富中吸取营养，寻找答案。中华传统美德应该由我们继承并发扬光大。民主、公正、博爱、慈善等西方美德也值得我们学习和借鉴。某些不尽如人意的现象通过学习本书并及时加以纠正和引导，相信就能使广大员工进一步提高道德修养，更好地为企业的生产经营服务。

邱尊社

2013年7月

目录 CONTENTS

第一章

企业文化和道德建设刻不容缓

道德如春风化雨，缺德似肃杀寒风。有德便有福，德高则望重。上善若水，厚德载物。道德比智慧、知识和能力更重要，它是可持续发展的原动力，它传递着真善美，让我们的人生观、价值观和世界观回归到正常的运行轨道。一个尊道守德的企业是一定能够基业长青的，一个把道德文化建设放在首位的企业是有远见、有前途、有发展的企业。

第二章

忠诚：忠于岗位才能成就自己

“忠”是员工对企业的忠诚，对事业的忠贞。企业要发展强大，如果员工不忠诚，对企业存有私心和欺瞒，对待工作整日浑浑噩噩、朝三暮四且鼠目寸光，企业将如履薄冰，难以持续发展和壮大。当今社会各种压力与诱惑并存，员工的忠诚度，对于企业而言就更显得弥足珍贵。

第三章

孝道：孝是为人之本立家之本

“孝”是中华民族的传统美德，孝亲敬老是中华民族的优良传统。要做一个好人，一个善良的人，一个成功的人，首先要做到孝。人如果失去了孝心，就好比人失去了心脏，只有一具躯壳立于世上，毫无生命价值，这样也就很难为企业、为社会创造价值。

第四章

仁学：有爱心宽待人受人欢迎

仁自古是中华传统文化精神的根基。儒家学派将它作为最高的道德原则、道德标准和道德境界，其核心是“恭、宽、信、敏、慧”。从字形构成来看，一人是“仁”字，二人为“从”字，三个人则成“众”字，“仁”有二人便产生了一种关系，指人们要互存、互助、互爱，对他人尊重和友爱。现代企业对传统道德的核心“仁”更为看重。

第五章

义道：坚持正义，保持节操

提到义，我们必然会想到利，二者密切相连，是每个人都不可回避且回避不了的问题。从古至今，任何社会和有人群居住的地方，都离不开二者之间的相互关系。尤其在当下物欲横流，金钱至上的浮躁时期，二者之间的关系更为明显。以“义”制“利”的道德原则是当下每个职场人、每个员工都应标榜的行为准则。

第六章 礼学：注重礼仪，尊重他人

礼是我们为人的根本特征之一，是一种具体的行为，体现在待人接物上，是与同事相处时的文明举止，是对他人的尊重和友善。无论在什么年代和环境，礼都受人敬仰。在工作中以及和同事的相处中，假如一个人只懂得礼貌的形式，而没有谦让之心，便不会真正受人喜欢和爱戴，事业上也会受到一定的影响。

第七章 智学：不断创新提高业务素质

智不是小聪明，而是大智若愚，它体现的是个人能力。企业需要德才兼备的人，对每个员工而言，如果个人无才无德，企业很难发展并强大。在当今激烈竞争的形势下，企业与企业之间的差距很大程度上体现在员工的能力上，只有强化员工能力才能更好地发展和壮大企业。

第八章

廉学：经得起诱惑耐得住寂寞

中国是礼仪之邦，孟子早就有“其身正，不令而行”的说法。清正廉洁自古受人推崇，是我们每个人基本的行为准则。在当今社会里，只有每个人做到廉洁、严格、自律，树立正确的世界观、人生观和价值观，才能全心全意效力和忠诚于企业。

第九章

信誉：有其言无其行君子之耻

诚信是我们的立身之本。信守承诺、讲究信誉的人，对企业讲诚实，守信用，对人民、社会负责不失人格。一个不讲信用的人，很难立

第一章

企业文化和道德建设刻不容缓

道德如春风化雨，缺德似肃杀寒风。有德便有福，德高则望重。上善若水，厚德载物。道德比智慧、知识和能力更重要，它是可持续发展的原动力，它传递着真善美，让我们的人生观、价值观和世界观回归到正常的运行轨道。一个尊道守德的企业是一定能够基业长青的，一个把道德文化建设放在首位的企业是有远见、有前途、有发展的企业。

审视自己是否做到尊道守德

道，天地运行之规律也；德，人间处世之准则也。大德曰生，大道无疆。德道合一，和谐共长。道德是纲，纲举目张；道德是本，本固体强；道德是金，举世弥藏。

前总理温家宝说过：“企业家不仅要懂经营、会管理，企业家的身上还应该流着道德的血液。” 担和谐企业之任，尽企业公民之责，更多责任才能带来更强竞争力。救人于水火、助益于贫弊，会让人时刻感恩，以寻机报偿，这样的企业，何愁没有财富可创造？有道使其为盛，有德乃是其妆。守德就是守正，正立则邪不侵，邪不侵则生命力旺盛，生命力旺盛则基业常青。

道生出万物，德性畜养万物，管理统率万物。外物塑造万物形体，外力促使万物生长，管理利用外部资源与环境，能使企业兴旺。万物没有不尊崇道，德性，还有管理的。道性与德性是万物的自然规律，因此受到尊崇，而管理是道性与德性的综合产品。不用命令万物，它们总能遵循自然规律。道这种自然规律，能生出万物；德这种自然规律，能畜养万物；管理这种自然规律，能让一切井然有顺，都遵守自然规律，而不混乱。

玄妙的管理，是生有万物而不占有，施恩而不自恃，主导而不主宰。管理让企业兴旺发达，让每一个利益相关者都有分享，而不是独自占有一切。管理对员工与社会有恩，而又不恃恩自傲，更不用员工与社会感恩。管理对于员工来说，不是统治者一样的主宰。

而是主动引导员工去努力完成企业的各项工作。

轰动全国的“劣质奶粉”事件是“缺德”的极端表现，类似的事例还有：陈馅月饼，毒火腿丑闻，火锅的石蜡底料事件，家电市场上的“三低空调”，棉纺市场上的“黑心棉”，食品市场上的“乡巴佬”事件，建筑市场上的“豆腐渣”工程，保健品市场的众多知名企业纷纷落马等等，都是企业或个人“缺德”的典型表现——唯利是图，为了利润或者说钱可以放弃一切。因此，我们可以说，如果企业没有以道德为基础的“崇高理想”，其制定的战略不可能引导企业长期生存发展下去，最多只能在战术上有助于企业的短期生存。

企业“缺德”就像幼儿在生长发育过程中缺钙一样，幼儿无法顺利地发育为一位肌体健康的强者，企业也无法成长为市场中的“强者”或基业长青。因此，一个企业要想在竞争中立于不败之地，就应该“道德先行”——从根本上重视“道德”建设并确保企业有着良好的道德水平，而后再制定优越的“战略”，最后才是如何将执行工作落实的问题。

因此，审视自己是否真正做到了尊道守德不仅是企业管理者应该深刻反思的问题，也是关系到企业基业长青的重要因素。

企业的无德如同向悬崖开车

最近一个时期以来，连续爆发多起严重安全事故，难道事故的发生仅仅是因为技术的问题吗？归根结底应该是思想不到位，一味追求经济效益而不顾人的生命安危，这是企业道德缺失的表象而已。马克思曾说，如果有100%的利润，资本家们会铤而走险；如果有200%的利润，资本家们会藐视法律；如果有300%的利润，那么资本家们便会践踏世间的一切！这个道理对任何经营者都一样。

人们普遍希望天下太平、社会安定，而不是动荡不安、秩序混乱；都希望空气清新、环境优美，而不是乌烟瘴气、荒山秃岭；都希望食物洁净、吃喝放心，而不是吃了中毒、喝了生病；都希望居家安全、工作安全、行走安全，而不是各种灾难频发。而企业的缺德让人们的安全感越来越低。

必须要让道德和诚信真正成为企业的生命线。”国务院国有重点大型企业监事会主席季晓南曾经这样强调过。有的企业为什么铤而走险？是不是处罚力度还不够？如某个因污染事件受处罚的公司，罚了以后股价连续跌停，但过一段时间复牌后就连续涨，太奇怪了。季晓南表示，只有参照类似于醉酒驾车的规定，对企业的道德诚信方面给予约束。“一旦失信让其倾家荡产，这样才能让企业把道德看作生命线。”

缺德的企业如同向悬崖开车一样危险，是要坚决避免的。任何一个品牌都是建立在质量可靠的基础上，依靠消费者口耳相传，使得品牌美誉度持续放大，光彩夺目。道德品牌就是企业的命脉！企业道德是品牌的强力支撑，企业道德是企业发展的基石，企业道德是企业长兴不衰的必然选择。

感恩文化是企业文化的核心

自古以来，中华民族就有“滴水之恩，涌泉相报”、“衔环结草，以谢恩泽”、“知恩不报非君子”、“来而不往非礼也”等等，这些伦理美德，无不昭示着感恩文化在中国的源远流长。

一旦企业中缺少感恩文化，就会导致企业不懂得感恩，员工也没有感恩心理，使企业与员工由合作共赢的关系走向对立面，经常会因为各种各样的纠纷而引起诉讼，一时间是公说公有理、婆说婆有理。造成这样的结局就是企业和员工都没有真正懂得感谢，没有认可对方给予自己的付出，只想到是索取。中国文化中经常讲到的“舍得”，先舍后得，这是一种“先天下之忧而忧，后天下之乐而乐”的伟大境界。只有这样的文化存在，才使我们不断成长，才能创造出伟大的企业和优秀的人才。否则，中国企业真正走向世界，实现基业长青的理想永远都是净水花月。

企业文化是“水能载舟亦能覆舟”。这是一条永远不可更改的真理，“得民心者得天下”，这是古代帝王统治天下的领悟。对于企业来讲，同样也是如此，只有得到了员工的爱和感谢，才能会有企业的未来。

现代企业中员工与员工、员工与企业、企业与社会是构成“感恩文化”的重要元素。员工之间的和谐，是企业发展的关键和基石。每个人的工作都离不开别人的协助，只有发挥团队精神，才能实现自己的价值，个人的成功都是同事之间相互协作的结果，对同事提供的协助与支持，心存感激，换位思考，真正做到“以责人之心责己，以宽己之心宽人”，就能建立良好的人际关系，形成宽松和谐的工作环境。从而能够保持愉悦的心情和乐观积极的心态，能够谦和宽容，友善处事，减少内耗，增进团结，能够心往一处想，劲往一处使，把工作当事业，把事业当追求，迸发出激情，产生出活力，形成人人想干事、能干事、会干事、干成事的局面，才能真正实现公司的科学跨越。

目前很多企业的核心理念就是“以人为本”，其实就是对员工的感恩，因为员工是推动公司前进的真正动力，是推动公司发展生生不息的源头活水。只有真正代表了广大员工的根本利益，与员工心连心了，员工真心实意跟我们走了，才能从根本上提高企业管理水平、提高执行力，增强凝聚力。改善员工工作、生活环境，鼓舞了员工干事创业的激情，提高了执行力。不仅成就了员工，实现其个人价值，也推动了公司的发展。另一方面，员工对企业要感恩。企业培养了我们，给予了我们工作、学习、生活的平台，我们应该自觉地把自己的切身利益与企业发展紧密联系在一起，把企业当做自己的家，把工作当做人生的理想和追求，将感恩之情化作强烈的社会责任，把忠诚企业、热爱企业、效力企业、回报企业、奉献社会作为内在动力，落实在具体行动上，带着一颗“感恩的心”，脚踏实地地做好本职工作，用汗水和智慧、劳动成果和工作业绩实现自己的理想和人生价值。

所以，感恩文化应该是企业文化的核心所在，企业和员工双方都懂得了感恩，企业的基业长青才会真正实现。

担当是组织首要解决的问题

企业和人一样，企业在这个社会当中也是一个个体，就像一个人一样，这个人可以不顾别人的利益，可以很自私，不讲礼貌。但是这样的人在社会上没有人看得起，如果企业只顾自己的利益，不顾发展的环境，这样的企业也没人看得起。而且不仅其他企业看不起，企业的员工也会看不起自己的企业。所以企业的社会责任是应该要承担的。企业作为社会的群体之一，是社会的一分子，既然你在这个群体当中，就应该成为群体的一员，就应该符合这个群体认同的道德底线。

企业如人，首先应该遵纪守法、诚信经营。如果你从克扣员工的工资、剥削农民工、在产品中掺假、造假赚来的钱再去捐献所谓的爱心，这是很大的讽刺，对企业来说，也是本末倒置之举。作为企业家更要有担当意识。刘永好的故事大家也许还比较陌生。

20岁之前，他没有穿过一双像样的鞋子，没有一件新衣服。为了让孩子过年的时候能够吃上一点肉，他和三个哥哥一起被逼上了创业之路。养鹌鹑，他们做成了世界第一；做饲料，又成为中国饲料大王。生意做大，他的责任也更大了。

“不断有人问我，你们新希望饲料里有没有加激素，喂的鱼、鸡、鸭、猪还能不能吃……”2011年全国政协委员、新希望集团董事长刘永好公布了他提交本届政协大会的7个提案。这些提案基本上都是围绕着“农转非”来的——“农”就是“三农”，“转”就是转变农牧业发展方式，“非”就是非公有制经济。关注“农转非”提案的出炉，与刘永好的担当意识是分不开的……

“我们企业家，特别是民营企业家，要发挥自身的优势，做些实实在在看得见、摸得着的事情，做一些真正对灾区、对百姓有帮助的事情，这就是我们民营企业家的社会责任。”

刘永好规划的帮助方式是帮灾民“造血”：一是组织、帮助农民建立上规模的养猪、养鸡、养牛场地；二是建立养猪、养鸡合作社，新希望参股20%，农民参股80%；三是帮助农村成立养猪、养鸡担保合作社。

刘永好还倡导发起了旨在扶贫的“光彩事业”，在“老、少、边、穷”地区投资兴建扶贫工厂。2006年“两会”期间，刘永好说：“它(新农村建设)需要亿万人民的广泛参与，需要百万企业的积极投入，为此民营企业应该第一时间响应党和政府的号召，在新农村建设的主战场上，民营企业要争当新农村建设的排头兵，与亿万人民主力军一道，为彻底改变中国农村面貌而奋斗，这是我们的历史责任，也是我们的光荣使命。”

力量越大，责任越大，这也许就是刘永好响应国家号召，积极投身新农村建设的最好注解。

公司法虽然明确规定了企业应当承担的相关社会责任，但事实上，很多企业仍然奉行股东利益至上的公司治理理念，忽视债权人、供应商、经理人、顾客、雇员、政府和社区等利益相关者的利益。这导致了诸如环境污染、公司欺诈、偷税漏税、克扣员工工资、拖欠银行贷款等不良社会现象，也引致了一系列社会问题。在股东利益至上的指挥棒下，有的企业忘却了其应当承担的社会责任；在一味追求经济利益的泥淖中，企业背离了其应当负载的社会效益。这使得我们不少企业的信用受到损害，企业的长远发展也遭遇障碍。

一个企业要对社会有所担当，就要敢于负责。对人负责即对股东、雇员和顾客等有关人负责，包括安全生产、就业机会平等和薪酬公平，反对性别和种族歧视、注重员工福利，保护消费者权益、完善产品质量，维护股东权益，重视投资者关系，维护社会和谐；对企业信誉负责包括遵守法律、规则和国际标准，拒绝腐败，提倡社会公认的商业道德和行为准则；对环境负责包括维护环境质量，使用清洁能源，应对变化和保护生物等；对应做的社会贡献负责比如救灾扶贫、赞助社会公益事业等。这是企业要解决的首要问题。

企业应时时处处充满正能量

各行各业的竞争日趋激烈，对企业与员工的要求也越来越高。这时候，就需要用正能量来调节员工的工作心态，用正能量鼓舞员工的工作士气，用正能量来降低企业的运行成本。因为拥有正能量的员工会始终保持积极的心态和高昂的斗志，总能最大限度地发挥自己的能量，不断给企业创造更多效益。

很多时候，正能量能够让人爆发出难以想象的工作能力。当你脸上饱含微笑，带着高昂的斗志去工作，你会发现很多原本不可能做到的工作其实并不是那么难以完成，你会帮企业创造出你所能想象到的一切奇迹，你的内心也将会因此洒满阳光。

曾经有人对正在工作的煤矿工人进行调查，当他走到第一个人时，他问：“你在干什么”？这个人回答说：“你瞎了眼睛，没看见我在挖煤吗？这是人干的活吗，又脏又累，整天不见太阳。”当他走到第二个人时，他问：“你在干什么？”第二个人回答道：“我在挖煤。没办法啊，家里上有老下有小呢，幸亏一个月还有2000多元工资。为了养家糊口，不得不干啊。”当他走到第三个人时，他又问道：“你在干什么？”第三个人大声回答道：“我在挖煤！我挖的煤是用来发电的，它不仅给千家万户带来光明，而且不会让雪灾地区的人们因冰冻天气受冷，还可以确保领导人在彻夜工作时不会点蜡烛！”

这是工作中的三种截然不同的态度。第一、第二个人都不会认真负责地完成好自己的工作，而且工作中还很可能出现差错和失误，他们是以一种消极应付的态度来对待自己的工作，只有第三个人是带着正能量做自己的神圣工作。他不仅能保质保量地完成好自己的工作，而且也享受做工作带给他的快乐。三种不同的工作态度，必然产生三种不同的工作结果。

很多员工在工作的时候，常常是抱着得过且过的心态。这是一种非常错误的思想，会给工作带来巨大的危害。而优秀的员工在工作的时候，总是带着强大的正能量，总会以最饱满的热情和最认真的态度去工作。他们的辛劳和奉献，让企业不断地成长与进步。这是企业最欢迎的员工，当然领导者首先要浑身上下充满正能量，能够引领员工前进和工作。

发挥正能量，会使你充满活力，工作会干得有声有色，企业会不断走向一个又一个巅峰；正能量不足，会使你垂头丧气，工作会干得黯然失色，企业命运也会无疾而终。凭借着正能量，一个团队去做往往能创造奇迹。因此，企业中要时时处处充满正能量，充分发挥正能量的积极作用，把企业打造成钢铁长城，在市场竞争的风浪中巍然屹立。

美丽中国的环境污染谁之过

十八大报告提出要大力推进生态文明建设，努力建设美丽中国，实现中华民族永续发展。良好的生态环境是最重要的公共产品和民生福祉，人民群众对干净的水、新鲜的空气、安全的食品、优美的环境要求越来越强烈，生态环境保护与建设慢不得、等不起。

“美丽中国”的提出，是环境日益恶化的一种倒逼，我们已经等不起，如果你去实地看一下，有河皆污不是危言耸听。如今，“河里有鱼能吃，天上繁星可见”已经成为了一种奢望。

一直以来，人们大多把污染环境仅当作一个缺德、无良的行为，正是在这种思维定势下，很多人、很多企业在污染环境时，顶多也不过是受到了良心的谴责。而由污染导致的滚滚利润，又会很快将这些良心谴责冲到九霄云外。

2013年6月24日，央视以《张家口煤炭污染：种出黑苹果》为题，报道：从河北省张家口市宣化区延110国道往东，一路上看到的几乎都是灰黑色。几十家煤炭销售点就分布在公路两侧。记者赶往一个距离张家口市县土木村大约2.5公里处的土木煤炭市场展开调查。看到该煤场里到处都是露天堆放的煤炭，没有任何覆盖遮挡，几台挖掘机正在进行作业。每当有风刮过，就会有大量黑色的粉尘被风裹挟着腾空而起，散在空气中。近几年，附近农民苦不堪言：土地已经无法再种植经济作物，只有玉米才能适应如此恶劣的环境，更有甚者种出了黑苹果。

如此以环境污染为代价来“发展”，导致土地上长出黑苹果，究竟是谁之过？

片面地追求经济效益导致环境污染，是当地政府之过。类似于张家口市的发展，都是以牺牲环境，牺牲人类健康为代价的发展观，是绝对不科学的。但是，地方政府为了追求片面的经济效益，引入收益高、见效快，但严重污染环境的产业，这就是当地政府主要领导之过，带来的负面影响是不可逆的，近年来最直观的影响就是PM2.5值严重超标。

行政不作为导致环境污染，是职能部门之过。企业在入驻之前，必须经过环境评估，但是客观上还存在着这样的“张家口”模式，首先有环保部门监管不力的因素。明知道会产生什么样的影响，却还纵容企业继续干，显然还有环保部门行政不作为、监管不力的因素。职能部门行政不作为、监管不到位，最直接的后果就是导致村民的土地种植不出经济作物，即使能稍种一点苹果出来，那也是黑苹果，连土地都已经带上了“黑”的基因。

明知有污染，却还不采取任何措施就进行作业，是企业之过。企业负责人，最起码应该有点社会责任感。但是，许多企业主就顾着自己发展经济，谋求利益，将人民和集体的利益抛诸脑后，不为当地人民牟利不说，还反过来牺牲人民的利益，这简直是有愧于“人”字。难道是企业主不懂环境污染吗？绝对不可能！他们就是在以牺牲人类长远的利益来换取企业短期的利益，而且这些利益所得全部归于企业主名下，这本质上就是对社会、对人民的不负责任！

举国上下都在谈“中国梦”，企业也是“中国梦”学习必须普及的一个重要对象。现代企业应该在梦的主题教育活动中找到自己该为实现伟大中国梦而该做的努力。而当地政府及相关职能部门更应该切实履行职责，在科学发展观的指导下解决好这样的问题。让美丽中国的梦想离我们不再遥远。

健康中国的食品安全谁来保

食品安全问题日益成为了公众及全社会关注的焦点之一，作为一些民族品牌的龙头企业，更处于食品安全的风口浪尖之上。毫无疑问，人们期望的是那些所谓的品牌企业能担当起更多的社会责任，能多少让消费者据此树立起对民族品牌的信心。然而很多时候事与愿违的现实却总是令人失望，甚至极度失望。

从红心蛋到地沟油，从毒大米到皮革奶，五花八门的“问题食品”层出不穷，后果之严重罄竹难书。“问题食品”绵延不绝，问题究竟出在哪里？除了食品监管存在问题外，更多的是行业道德的缺失。

一个没有道德的企业是令人唾弃的，无论这家企业实力多么雄厚，“三鹿事件”相信大家都还记忆犹新。

从“三鹿奶粉”事件中，我们看到了因产品质量问题，企业瞬间从辉煌走到坠落；看到了丧失良知企业的下场；看到了企业只知道金杯、银杯，但扛不过百姓口碑的事实。

钱是个万能的好东西，但是，如果企业领导人把赚钱作为人生最大的奋斗目标，想的就全是钱，只要能赚钱，什么都敢干。却忘了一件比钱更重要的东西，那就是责任。人生活在这个世界上，就得对这个世界承担责任。作为一个生产者，不掺杂，不使假，不违章，不留隐患，就是责任。你对别人负责，别人才能对你负责；你维护别人的安全，别人才能维护你的安全。

食品安全一再突破保障屏障和社会底线，伤害着人类生命和生存，社会诚信与道德。食品安全不仅关系到人类健康，甚至关系到国家前途与社会稳定，更与民族未来息息相关。打击食品安全犯罪，重惩食品违法奸商，是法律之义、民心所向，也是国家与社会发展、民族进步所必须。

食安，则天下安。在“毒食品”一再挑战社会底线的今天，这话一点也不过。在建设健康中国的今天，食品安全必须得到足够保证。

幸福中国，你真的幸福了吗

近年来，幸福已经跃为我们这个时代的一大关键词，从黎民百姓到国家总理，无不在关注幸福、探讨幸福、诠释幸福、追寻幸福。然而幸福中国，你真的幸福了吗？当前的城市，本该让生活更美好，但发展步伐太快，空气污染、交通拥挤、资源紧张等“城市病”逐渐显现并加剧，正削减城市居民的幸福感。

不管人们愿不愿意，农村人进城了，城市化来了，这是难以阻挡的历史潮流，也是中国走向现代化的必经之路。它来得太着急，在城市还没做好思想准备之时。于是，管理者在面对转型考验之际只能采用头痛医头、脚痛医脚的做法，交通拥挤就限购，住房紧张就开发新区。面临生活、工作的巨大压力，幸福感无从谈起，工作起来也是心不在焉，难为企业创造足够的经济效益。

幸福应该是一种感觉，是一种体会，幸福应该是个人的情感、心理、成长、物质需求的综合满意度的体现；对企业来讲让员工幸福就是要信任员工，关心员工，培养员工。企业发展和员工幸福应该是互为因果，员工幸福是企业发展的动力，企业发展是员工幸福的源泉。那么这方面企业从哪些方面着手呢？

靠事业的魅力去吸引人，凝聚人，提高员工自豪感。靠一个公平公正的环境去锻炼人，培养人，提高员工的公平感。靠优化环境，提高员工的依赖感，让员工有一个家的感觉。企业跟一个小社会是一样的，有美有丑，你要把各种东西有机的融合在一起，创造一个小社会，优化自己的小气候。靠绩效留住员工。用良好的待遇去留住人，提高员工的成就感，人说到底还是要追求物质待遇的，要创造好的条件。靠绩效导向定岗位、定人员、定措施、定目标、定薪酬；专人、专心、专业、专家，让大家干得明白，干得愉快。靠履行社会责任，来提高员工的幸福感、成就感。一个人、一个企业都应该有社会责任，幸福不仅仅是一种索取，有时候付出也是一种幸福，能帮助别人，能为他人做事，这也是一种幸福。

幸福在哪里？幸福不须奢望。幸福其实很简单，幸福就在我的身边。今天，员工给力为企业发展，明天，企业给力助员工幸福。

第二章

忠诚：忠于岗位才能成就自己

“忠”是员工对企业的忠诚，对事业的忠贞。企业要发展强大，如果员工不忠诚，对企业存有私心和欺瞒，对待工作整日浑浑噩噩、朝三暮四且鼠目寸光，企业将如履薄冰，难以持续发展和壮大。当今社会各种压力与诱惑并存，员工的忠诚度，对于企业而言就更显得弥足珍贵。

对企业必须有主人翁精神

作为企业的员工，要学会与企业融为一体，这是最基本的职业道德。不能把领导当敌人，更不能把企业当对手。要剔除自己身上与企业格格不入的姿态，摒弃那种“看企业”的旁观者视角，多一点融入感，少一点阴阳怪调。因为你是企业的一分子也是企业忠实的主人翁。

员工对企业一定要有归属感。当自己所服务的企业有困难时，不要冷眼旁观，也不要因为自己的建议或者意见没有得到采纳，就不再积极主动地参与，更不要在心里暗暗地希望事情办不成，甚至幸灾乐祸。在关键的时候，给同事们鼓劲，而不是泄大家的气，更不能做那些吃里爬外的勾当。

一个具有强烈归属感的员工，会积极参与企业的各种事情，响应领导的一切提议，贡献自己的全部才智。他们与企业心往一处想，劲往一处使，使得事情得以成功，目标得以实现。

刘娜，中国人寿保险公司的一个中层领导，原来也是独当一面担任部门主管的“大员”。但是，随着两年时间的过去，刘娜却越来越被边缘化了，脱离了单位的核心圈子，最后只好自己辞职走人。回顾自己的经历，刘娜感触最深的就是自己过于“独立”了，显得与领导和同事格格不入。分公司组织年终拓展，刘娜觉得这并不能对日常的工作真正有效，不参加；分公司组织到泰山旅游，刘娜又觉得周末的时间，大部分是在路上，没意思，并且冷嘲热讽地说分公司抠门，既然想给员工一个旅游的福利，就应该做得大方些，不参加；分公司组织中层聚餐，刘娜觉得没有共同话题，不参加……因为刘娜的不参加，领导还亲自找她谈过，告诉她这些不仅仅是活动，也是工作，但是刘娜并没有改正。到后来，“不参加”成了刘娜的品牌，领导也就随着她了。这些让刘娜在同事们中显得“独树一帜”，甚至有点怪异。因为参与单位的活动少，与同事的交流少，很多时候考虑问题都不是一个前提。最后，刘娜被邀请参加的活动就越来越少，自然被边缘化了。

一个人如果过于特立独行，甚至显得不合群，就很容易被边缘化，刘娜就是典型的这样的人。一个边缘化的员工不会把自己当成公司的主人翁，工作也自然会越来越没意义。

无论你有多独立，你都应该与企业融为一体，只有与企业融为一体，你才能够进入企业的“主流社会”，了解企业的“主流”思想，经历企业的“主流”事件，掌握更多的信息，才有机会得到更多的锻炼和实践，提升自己的能力。有了这种能力，即使一个企业不给你机会，也必然会有另一个企业给你提供平台，让你体现自己的价值，创造新的业绩。

我们常见的那些不能与企业融为一体的员工，是将企业当做“公家”而不是“自家”的人，是将领导当做“敌人”而不是“同盟”的人。如果将企业当做是“公家”而不是“自家”，对于员工来说，就有了内外的区别，想的是怎么从“公家”弄到“自家”来。手机拿到办公室充电，在办公室座机上打私人电话，用企业的关系做私人的生意……因为毕竟是从“公家”拿到“自家”，做的时候难免心虚，因此，总是偷着、躲着、藏着、掖着，表现出小心和猥琐的样子，生怕领导发现。如果将企业当做是“公家”而不是“自家”，在企业中经常发生这样的事情，凳子倒了没有人扶起，桌上有水没有人擦干净……都是一副“事不关己，高高挂起”的姿态。如果将领导当做“敌人”而不是“同盟”，对于领导，采取的是瞒，瞒坏消息，报好事情；瞒不了之后，就采取拖；拖不下去了，就赖，推给别人；赖不走了，就叫，叫苦叫难。讲条件，说问题，要资源，讨政策，问待遇。殊不知，这样做的员工，他们在明确地告诉领导，自己希望与企业分得清清楚楚，没有什么太多的牵扯，企业是企业，我是我，我不过是在企业上班而已。这样冷淡的态度，怎么能要求领导提升和重用呢？

真正聪明的员工应该清醒地意识到自己是企业的一分子，无论何时都要为企业着想，有了企业的发展壮大才有自己的发展，如果你已经开始走上了与企业融为一体的道路，你自己的发展也就开始走上了新的阶段。

所以，每一位员工都要牢牢树立起主人翁的精神，使自己与企业密不可分，把企业的事儿当成自己的事儿来办，自然干得有劲儿。

爱岗敬业的人处处受欢迎

许多职场中人，特别是一些职场新人，他们把忠诚看成是管理者愚弄下属的工具，把敬业当成老板监督员工的手段，认为灌输忠诚和敬业思想的受益者是企业和老板。其实不然，有位成功者说：“自身价值的创造和实现依赖于忠诚敬业。”忠诚敬业铸就信赖，而信赖铸就成功，一旦养成忠诚敬业的习惯，就能主动对老板与企业负责，面对引诱不为所动，对于工作忠于职守，认真负责，这样就能让自己的有限资源发挥出创造无限价值的能力，从而争取到成功的砝码；另一方面老板也会因此对你承担一份义务，会同样忠诚地对待你，会投入精力和资本培训你、重用你、提拔你。你也会在企业处处受欢迎。

著名管理大师艾柯卡，曾受命于福特汽车公司面临重重危机之时。他大刀阔斧地进行改革，终于使福特汽车公司走出了危机。后来，福特汽车公司董事长小福特却排挤艾柯卡，这使艾柯卡处于一种两难的境地。此时，艾柯卡却说：“只要我在这里一天，我就有义务忠诚于我的企业，我就应该为我的企业尽心竭力地工作。”尽管后来艾柯卡离开了福特汽车公司，但他仍然很欣慰自己为福特公司所做的一切。

艾柯卡说：“无论我为哪一家公司服务，忠诚都是一大准则。我有义务忠诚于我的企业和员工，到任何时候都是如此。”正因为如此，艾柯卡不仅以他的管理能力更以他的人格魅力征服了众人。

一个企业如人的一生，把它比做一条船，那么江、河、湖、海就像世界，员工就好像舵手。在美国知名企业费特曼公司，随处都可见这样一幅招贴画，画面上是一艘即将撞上冰山的大船，画的下面还写着这样一行非常醒目的字："只有你，才能拯救这艘船。"这家企业至今发展得非常好，为什么还要这样做呢？就因为这家企业的员工一直以来都把自己当做舵手，时时把"企业兴亡，我的责任"牢记在心，在任何时刻都不敢松懈自己对工作对企业的责任心，一直以来都与企业共命运。他们知道，掌握企业命运的是他们自己，所有的成功靠的就是每个员工对企业的忠诚与敬业。

皮军高二结束后便到一家电子仪器生产厂实习。这家企业在深圳是具有一定影响力的。春节的时候，小皮因为路途遥远，家里经济条件不好，心疼路费，便没有回家过年。厂里便安排他值班。小皮每天很早就起床，检查，清洁，他都做得一丝不苟。他特别爱清洗厂门，因为他觉得那是工厂的脸面。看到他特勤快，守厂的老工人也把自己的工作移交了一些给他。小皮没有怨言地接受了。到放假结束的时候，工厂突然发给了小皮一些额外的奖励，还批评了老工人。实习结束的时候，小皮顺利地进入了这家企业，而他的那些回家过年的同学却只有自寻出路了。

有句古老的谚语说："我们都是习惯的产物"，养成忠诚敬业的习惯。诚然，把忠诚敬业变成习惯的人，就会成为公司里处处受欢迎的人，从事任何行业都容易获得成功。

爱工作首先要忠诚于企业

一个优秀的员工，一定是忠于自己的企业的，忠于自己的企业才会自动自发，才会主动积极地为企业分忧解难。因此，忠诚在一定程度上是对企业最持久的爱，这种爱不变质、不褪色，永葆光鲜。

有一种品德，不论在何时何地，都会受到人们的赞美；有一种品德，不仅是我们立身的基础，而且也是任何一个组织战斗力的保证。这种品德就是忠诚。

对企业的忠诚不仅仅是爱岗敬业，更重要的是时时刻刻维护企业的利益，万万不可做泄露公司商业机密等事情，严守职业道德。

张阳和李华是大学同学，毕业后，张阳在一家国有计算机软件集团公司做程序员，很快成为了公司的业务骨干。李华在另外一家同类民营公司做市场营销，多年没有联系了。两家公司都在开发同一种前景广阔的办公室应用软件，是最大的竞争对手。一个偶然的机会，李华了解到张阳是这个项目的核心人物，心中大喜，计上心来，于是赶紧打电话给张阳说一起吃饭。

在接到李华的邀请后，张阳想都没有多想就去了。两人几年没有见，异常欢喜，又是吃饭，又是喝酒，被灌得找不着北的张阳像黄河决堤一样将集团的绝密资料和盘托出。后来，遥遥领先于对手的张阳公司被对手捷足先登，打了个措手不及，巨额研发费用化为肥皂泡。看着满商场的同类产品，张阳气得浑身发抖，羞愧难当地离开了公司，还差点尝到法律诉讼的后果。

张阳的故事告诉我们：无论何时何地都要保持清醒的头脑，万不可被一时的糖衣炮弹打败而背叛自己的企业。

当一个人失掉了忠诚，一起失掉的还有尊严、诚信、荣誉以及个人的前途。

没有企业持续发展的良好形势，就没有员工发展提高的广阔平台，同时也无法保证个人收入的稳定。企业与员工就是唇亡齿寒的关系。作为企业的一员，应该立足本职，爱岗敬业，尽最大限度为企业多作一点贡献。只有大家齐抓共管，共同奋斗，企业才会兴旺发达，才会有条件保证员工工作岗位的稳定性；才会有能力增加收入；才会保障员工的生产安全。如果我们每位员工为了一点私利、自己之便，消极怠工，玩忽职守，就会给企业带来损害，严重的会造成各种事故发生，带来不可估量的损失。因此，就要求员工对自己的企业忠诚，养成一种自觉良好的爱岗敬业的习惯。

有了企业才有员工的工作岗位，才能为小家庭创造财富，我们所有员工才能生活得更幸福。一个企业的发展和兴衰，靠的是每一位员工高度的执行力和忠诚度，可以说对企业的忠诚才是对企业最持久、最浓郁的爱。

忠于企业首先要忠于领导

法国自然主义创始人左拉曾说：“忠诚是通向荣誉之路。”忠于领导是获得晋升、重用的前提。这是因为，对领导忠诚，才会赢得领导的信任。

“员工的天职就是服从执行！”这是镌刻在美国UBS公司培训室中最醒目的警言。在下属和上司的关系中，服从是第一位的，是天经地义的，是上下级开展工作，保持正常关系的前提。没有服从就没有执行，所有团队圆满运作的前提条件就是服从。所谓的创造性、主观能动性等都在服从的基础上才得以成立，否则再好的创意不仅推广不开，也成就不了。

作为下属，虽说不是所有的领导的决策都是正确的，你可以提出自己的建议或意见，但你必须让领导明白，你只是建议。一旦领导做出决定，除非是违背法律或政策的，就都要无条件的服从、执行。令行禁止的公司才有高效率，才有竞争力。很多公司就是因为员工的不服从、执行力差而导致公司衰败。因此，服从、执行力的提升对于公司战略目标的实现有着重要意义。当员工忠于企业的时候必须首先是忠于自己的领导并服从领导的指示。

一个上市公司的新员工张颖被上司委派到一个新的、十分偏僻的地方开辟市场。公司的产品要在那个地方占领市场，在很多人看来是不可能的。因此，在把这个任务分派给张颖之前，已经有好几个人找不同的理由推掉了上司交待的这个任务。他们一致认为那个地方没有市场，接受这个任务最终结果也是一场徒劳。年轻的张颖在得到上司的指示后什么也没有说，带着一些公司产品的资料和样品就出发了。

三个月后，张颖回到了公司，他带回的消息是那里有着巨大的市场。其实张颖出发前，他也认定公司的产品在那里没有销路。可是他想着上司既然那样决定一定有他的道理，所以选择了无条件的服从。也正是因为这样，他依然前往，用尽全力去开拓市场，并为公司带来巨大的效益，自己也很快晋升为渠道经理一职。

对于任何一个企业，没有服从与执行，就会使管理陷于瘫痪，使团队陷于混乱，管理层和员工就会严重脱节，并最终失去战斗力。企业的生命在于效率和效益，效率效益的产生就在于服从执行的艺术。美国通用公司原总裁杰克•韦尔奇说：“不懂执行的管理者，一定是最糟糕的领导者，他能把公司带入歧途；最善于服从的员工，迟早都会成为这个公司最有活力和地位的精兵。”

所以，一个忠诚于企业的员工，首先是忠于领导的安排，坚决执行领导的指示。

忠于岗位也就是忠于自己

爱岗敬业是社会主义职业道德一切基本规范的基础。爱岗就是热爱自己的工作岗位，热爱本职工作，就是职业工作者以正确的态度对待职业劳动，努力培养热爱自己所从事的工作的幸福感和荣誉感。敬业就是用一种严肃的态度对待自己的工作，勤勤恳恳，兢兢业业，忠于职守，尽职尽责。

任何平凡的工作都可以干得有声有色，关键就看我们能不能做到爱岗敬业，能不能做到“干一行、爱一行、钻一行、精一行”。只有如此，才会发挥出自己最大的潜能，工作起来才肯卖力、尽力，才肯动脑、用心，而且也能更迅速、更容易地获得成功。忠于自己的企业，忠于自己的岗位就是忠于自己的内心。

在现代社会中，人们越来越看重忠诚的品质，忠诚必将成为用人单位对求职者的基本素质要求，忠诚也必将成为一个人安身立命之本。

在漫长的人生中，你的大部分时间都是在工作中度过的，工作的成败在一定程度上，可以说是人生的成败，而工作的成败又往往取决于忠诚度。无数在事业上取得巨大成就的人都清醒地意识到，忠诚是自己安身立命之本，是自己生活得更好的前提和保障。

王莉并不漂亮，学历也不太高，在一家保险公司做电脑打字员。她的打字室与总经理的办公室之间隔着一块大玻璃，总经理的举止可以看得清清楚楚，但她很少向那边多看一眼，她每天都有打不完的材料，她知道认真工作是她唯一可以和别人一争长短的资本。她处处为公司精打细算，打印纸分两面用。

一年后，公司资金运作困难，员工工资开始告急，人们纷纷跳槽，最后总经理办公室的工作人员就剩下她一个。人少了，她的工作量也陡然加重，除了打字，还要做一些接听电话、为总经理整理文件等工作。

有一天，王莉走进总经理的办公室，直截了当地问总经理："您认为我们公司已经垮了吗？"总经理很惊讶，说："没有！""既然没有，您就不应该这样消沉。现在的情况确实不好，可许多公司都面临着同样的问题，并非只是我们一家。而且，虽然您的2000万元砸在了工程上，成了一笔死钱，可公司并没有全死呀！我们不是还有一个大型活动吗？只要好好做这个项目的策划，公司一定会有所转变。"隔了几天，她被总经理派去负责该项目。两个月后，项目大获全胜，公司终于有了起色。

以后的4年，王莉作为公司的副总，帮着总经理做成了好几个大项目，又过了4年，公司改成股份制，原来的总经理成了董事长，她则成了新公司的第一任总经理。在年会上，领导一定要请她为在场的数百名公司员工讲几句话，她说："我为公司赢利时，一是靠用心，二是没私心。"

确实，很多人一面在为公司工作，一面在打着个人的小算盘。世上有些道理本是相通的，比如，夫妻双方应该彼此忠诚，公司和员工也应该彼此忠诚。只有这样，家庭才能和顺，公司才能发达。

忠诚是心灵的美德，不同的时代里，人们需要的总是同一种忠诚，因为它会带给你幸福，始终如一。忠诚的心就是太阳，照亮别人也照亮自己。

一个人来到这个世界上，不可能独立存在，而总是要和各种各样的人以及各种各样的组织、团队有所联系，你必须同这些人、组织和团队建立一对一的“亲密朋友”系统，绝对忠诚于对方，否则就不可能赢得对方的信任。一个人缺乏了忠诚这一品质，即使你再有能力，必定会被生活所抛弃。一个丧失忠诚的人，不仅丧失了机会、丧失了做人的尊严，更丧失了安身立命之本。

作为企业的员工，更要时刻牢记忠诚的重要性，忠于企业、忠于工作，为企业和社会贡献自己的力量。忠于自己的企业，忠于自己的岗位也是忠于自己的事业，忠于自己的内心。只有忠诚于自己的内心才能轻装上阵，在企业提供的大平台上发光发热，在通往成功的大道上越走越顺，成为一个德才兼备而受欢迎的人。

机遇总是青睐忠厚的员工

《醒世恒言》中说道：“刻薄不赚钱，忠厚不折本。”意思是说，经商刻薄的人，不一定能赚到钱；忠厚的人，也不一定会折本。海涅说：“生命不可能从谎言中开出灿烂的鲜花。”做生意要讲究诚信，做人也是如此。忠厚不是傻，而是一种美德，机遇面前，忠厚是制胜的砝码。

大千世界，芸芸众生。人人都渴望在这个适者生存的社会里功成名就、出人头地。然而，不管人世间的“聪明人”如何精于算计，即使一时通过奸诈的手段获得眼前的利益，却总是跨不过命运这道门槛。因为人算不如天算，贪图小利者毕竟难成大器。上天总是青睐忠厚德高之士，不论商场还是战场，诚实守信的人比较容易获得成功。慈善忠厚、诚实守信的品德是取得成功的关键。

小池国三十三岁时背井离乡，在一家小商店里做店员，同时替一家机器公司做推销员。他在二十岁时，自己开了一家小商店，依靠以前的推销经验，他十分顺利地在半个月内与三十三位顾客签订了合同，并且收取了定金。然而，不久之后，他发现他卖的机器比其他公司出品的同样性能的机器价格稍贵，他想，若是让与自己订约的客户知道了，他们一定会感到后悔。

于是小池国三带着合同和订金，用了三天时间，逐户进行说明，请客户废止合同。这种诚实忠厚的做法，使他的客户深受感动，结果，三十三个客户不但没有一个废约，还加深了他们对小池国三的信赖和敬佩。诚实具有惊人的魅力，它像磁铁一样具有无形的吸引力。客户们都像小铁片般被小池国三的诚实吸引，纷纷前来与他订货。诚实忠厚使小池国三财源广进，最终他成为日本企业界的名人。

中国道教始祖老子说过："敦兮其若朴，旷兮其若谷。"意思是说，有道之士始终以大道来充实内心世界，使忠厚之德不断升华。还有一个真实的故事也说明了这个道理。

思坦因曼斯是德国的一位工程技术人员，因为德国国内经济不景气而失业后来到美国。由于举目无亲，他根本无法立足，只得到处流浪，直到幸运地得到一家小工厂的老板的青睐，雇用他担任制造机器马达的技术人员。思坦因曼斯是一个对工作善于钻研的人，很快便掌握了马达制造的核心技术。

1923年，美国的福特公司有一台电机坏了，公司所有的技术人员都没能修好。正在一筹莫展的时候，有人推荐了思坦因曼斯，福特公司马上派人请他。

思坦因曼斯要了一张席子铺在电机旁，先聚精会神地听了3天，然后要了梯子，爬上爬下忙了多时，最后他在电机的一个部位用粉笔划了一道线，写下了"这儿的线圈多绕了16圈"。福特公司的技术人员按照思坦因曼斯的建议，拆开电机把多余的16圈线取走，再开机，电机正常运转了。

福特公司总裁福特得知后，对这位技术员十分欣赏，先是给了他一万美元的酬金，然后又亲自邀请思坦因曼斯加盟福特公司。但思坦因曼斯却向福特先生说，他不能离开那家小工厂，因为那家小工厂的老板在他最困难的时候帮助了他。

福特先生先是觉得很遗憾，继而感慨不已。福特公司在美国是实力雄厚的大公司，人们都以进福特公司为荣，而这个人却因为对自己的老板忠诚而舍弃这样的机会。

不久，福特先生做出收购思坦因曼斯所在的那家小工厂的决定。董事会的成员觉得不可思议，这样一家小工厂怎么会进入福特的视野呢？福特先生意味深长地说："因为那里有思坦因曼斯!"

一个员工只有具备了忠诚的品质，他才能取得事业的成功。如果你能忠诚地对待工作，你就能赢得现在和未来的老板的信赖，得到晋升的机会，从而在不知不觉中提高自己的能力，争取到成功的砝码。

机会就像人的天资禀赋一样，它只提供一个机缘，一个条件，一种可能。最有希望成功的，并不是才华出众的人，而是善于利用每一次机会并全力以赴的人，忠厚老实的人看似容易吃亏，其实他们自己心中知道哪些应该做哪些不该做，因此在机遇面前也常常是胜利者。

作为企业的员工，要始终保持忠厚老实的优秀品质。

企业用人的关键是忠诚度

没有任何一个企业愿意雇用不忠诚的人。大多企业都把忠诚作为识人、选人、用人的首要标准，然后才是个人的技能和素质。包括世界500强在内的众多优秀企业在选拔人才时，已经将忠诚排在第一位，把忠诚作为第一能力进行考核。不忠诚的人，没有发挥才能的舞台，成就不了伟业。只有忠诚的人，才有资格和条件成为优秀团队中的一员。

西门子中国有限公司明确表示："那些每半年、一年就换工作的人我们是不会要的。"西门子在招聘时，如果看到应聘者的简历上有着经常跳槽的记录，这样的人西门子是绝对不会录用的，甚至连面试的机会也不会给。他们认为，这样的员工缺乏对企业最起码的忠诚度，这样的人再有能力，再有经验，也不会为企业带来太多的价值，同样他自己也难以在企业中实现自己的价值，企业是绝不会冒风险来录用他的。

凌达是一家网络企业的技术总监。由于企业改变发展方向，他觉得这家企业不再适合自己，决定换一份工作。

最终，经过仔细斟酌，他决定到一家大型国有企业去应聘技术总监，这家企业在全国乃至全世界都有相当的影响力，很多IT业人士都希望能到这家企业工作。

对凌达进行面试的是该企业的人力资源部主管和负责技术方面

工作的副总裁。对凌达的专业能力他们并无挑剔，但是他们提出了一个令凌达很失望的问题。

“我们很欢迎你到我们企业工作，你的能力和资历都非常不错。我听说你以前所在的企业，正在着手开发一个新的适用于大型企业财务方面的应用软件，据说你提出了很多非常有价值的建议，我们企业也在策划这方面的工作，你能否透露一些你原来企业的情况，你知道这对我们很重要，而且这也是我们为什么看中你的一个原因。请原谅我说得这么直白。”副总裁说。

“对不起，你们问我的这个问题很令我失望，看来市场竞争的确需要一些非正当的手段。不过，我也要令你们失望了。我有义务忠诚于我的职业操守，任何时候我都必须这么做，即使我已经离开。与获得一份工作相比，忠诚对我而言更重要。”凌达说完就走了。

凌达的朋友都替他惋惜，因为能到这家企业工作是许多人的梦想。但凌达并没有因此而觉得可惜，他为自己所做的一切感到很坦然。

没过几天，凌达收到了来自这家企业的一封信。信上写着：“你被录用了，不仅仅因为你的专业能力，还有你的忠诚。”

企业在录用人才的时候，非常看重一个人是否忠诚。忠诚是一种传统的美德，更是做人的基本道德素质之一。在市场经济大潮中，市场经济竞争的战场虽无硝烟弥漫，但却异常炽热，在这场没有刀光剑影但却旷日持久的战役中，忠诚最能考验一个人，也最能成就一个人。

忠诚于公司，公司才能得到发展。好员工不仅要意识到自己属于这个企业，而且还认为自己必须为企业做些什么。就算要离开企业，也要绝对忠诚于自己服务的企业。

忠于企业才能和企业共赢

从古到今，没有谁不需要忠诚。皇帝需要臣民的忠诚，领导需要下属的忠诚，丈夫需要妻子的忠诚，妻子需要丈夫的忠诚。在职场中，人们更是奉“忠诚”为衡量员工品质的首要标准。在一项对世界著名企业家的调查中，当被问到“您认为员工最应该具备的品质是什么”时，他们几乎无一例外地选择了忠诚。

有人说，智慧和经验是金子，比金子更珍贵的则是忠诚。只有对企业忠诚无比的人，才能与企业同呼吸共命运，在诱惑面前稍有不慎就可能后悔莫及。

有一位双学位博士，他先在北京大学修完了法律课程，又在清华大学修完了工程管理课程。这样优秀的人才，理应工作顺利，事业飞黄腾达。然而，他的经历却恰恰相反，这位博士最后登上了多家企业的黑名单，成了这些企业永不录用的对象。这是为什么呢？

原来，这位博士毕业后，去了一家研究所，并凭借自己的才华，研发了一项重要技术。因为觉得待遇太差，不久，他就跳槽到一家私企，并以出让之前在研究所研发的技术为筹码做了公司的副总。不到三年，他又带着这公司的机密跳槽了。就这样，他先后背叛了不下五家公司，以至于北京的大公司都知道了他的品行，不再用他。

直到最后，这位博士才发现，原来受打击最严重的并不是那些企业，而是他自己。因为被贴上了“不忠诚”的标签，他被多个企业列入了黑名单，几乎每一个了解他情况的企业领导都明确表示，绝对不会聘用他。

才华出众，不代表你就能赢得好的事业，缺少了忠诚，谁也看不上你的才华。仅仅为了个人利益就放弃忠诚，将会成为一个人职业生涯中永远抹不去的污点。这位博士之所以找不到工作，就在于他缺乏对企业的忠诚。

在如今这样一个竞争激烈的时代，谋求个人利益、实现自我价值是天经地义的。但遗憾的是很多人没有意识到，其实，个性解放、自我实现与忠诚和敬业并非是对立的，而是相辅相成的。

一个生命能来到这个世界上实属不易，既然来到这个世界且已长大成人，就应该多做点事情，让自己的生命更有价值。可是作为个体的我们哪怕有天大的本事，也不能在空中跳舞，必须借助一个平台来成就自己的事业、完美自己的人生，而企业就是能够舞出我们精彩人生的大舞台。只有忠于自己的企业，事业才能辉煌；只有义待在这个舞台上共舞的人，人生才得以精彩。若对企业不忠，那就是在拆自己事业的台；若对这个舞台上共舞的有缘人不义，生命的价值就会大打折扣。试想，有多少观众能够长时间地兴趣盎然地欣赏你的独舞呢！

一位成功学家说：“如果你是忠诚的，你就会成功。”作为企业的员工，忠诚对于你而言，就是你成功的通行证。

第三章

孝道：孝是为人之本立家之本

“孝”是中华民族的传统美德，孝亲敬老是中华民族的优良传统。要做一个好人，一个善良的人，一个成功的人，首先要做到孝。人如果失去了孝心，就好比人失去了心脏，只有一具躯壳立于世上，毫无生命价值，这样也就很难为企业、为社会创造价值。

没有孝心责任感是浮云

孝德是中华民族的传统美德。但当今一件件触目惊心的事件，让人们不得不感叹道德滑坡、人情淡薄。“百善孝为先”的中国孝道观念使人们清晰地知道没有孝心难有责任心，一个对社会、对家庭、对他人没有责任心的人，也很难得到别人的信任，很难有所成就。企业员工培养自己孝亲敬老的孝心是做人的根本。

据网上报道：南京金碧花园小区内的一名老太太不慎从六楼阳台窗口失足坠落，幸亏被五楼的雨篷接住，老太太左腿倒挂在雨篷上，在空中悬了十多分钟，老太太的儿子当即扯了一条床单系在身上当“保险带”，立即从六楼下到五楼雨篷上，站在上面帮助老太太站起。然后抱住老太太的腰往上托举，再由另一名家人从六楼阳台手对手将老太太拉回。

看消息后我们感受到了那份浓浓的亲情，一个有责任心、有孝心、勇敢的小伙子浮现在脑海里。为人子女，就是应该有这份孝心，就是应该有这份责任，全社会都需要这样的责任和孝心。

陈毅元帅不仅仅是我们党的好干部，而且也是一个“孝子”的楷模。他在“忠孝两难全”的情况下，始终感到心中内疚。1962年陈毅出访，途经成都探望重病的母亲，他亲手给母亲洗尿布。母亲有难色。他说：“娘，我小时候，您不知为我洗过多少次尿布。今天洗上十条，也报答不了您的养育之恩啊！”

一个好干部，一个好领导，他应该是孝敬父母的楷模。一个没有“孝心”的领导，不可能爱民、爱员工；一个没孝心的员工也不可能成为一个好员工。

尽孝是一种责任，也是一份心意，表达爱的方式有很多种，是出自内心，还是敷衍对待，父母都能感受得到。乌鸦尚知反哺，羊羔尚知跪乳，何况人乎？尊老爱幼是中华民族的传统美德，当家中老人在生活上有困难时，我们要给予物质上的帮助；当他们在精神上感到孤独寂寞时，我们要多回家看看，帮父母干点儿家务活，和父母多聊聊天，让他们感受到后辈的孝心。关注老人，除了家庭中子女孝顺之外，全社会也都要重视老人问题，努力为老人们创造一个和谐、健康的生活环境。

家家有老人，人人都会老。老年人是否心情愉悦、身体健康直接影响子女的生活和工作，尊敬和关爱老年人，使老年人拥有一个幸福安康的晚年，也是我们全社会共同的责任。随着老龄化社会的到来，社会也在大力提倡尊老爱幼的文明新风，积极倡导为人子女者履行赡养老人的义务，让老人真正安度晚年而没有后顾之忧。

弘扬孝道有利于培养公民的道德责任感，提高其道德素质。在人们社会活动的实践中，人最早接触的人际关系是与父母的关系，人间的慈爱首先也是从自己父母那里获得、体验并形成最初的道德责任感。人的道德成长也正是把这种责任感不断扩充、升华从而形成对他人及社会的爱与责任的过程。

没有孝道的人是没有责任心可言的，是要被社会、国家和他人孤立的。培养孝心，增强责任心已经成为当今社会的主流，作为企业员工应将孝心、责任心时刻牢记，努力做一个对家庭、对企业、对社会有所贡献的人。

善良的人首先是有孝心

孝道是中国传统文化中十分重要的道德规范，也是中华民族优良的传统美德。在中国传统道德规范中，孝道具有特殊的地位和作用，已经成为中国传统文化的优良传统，是华夏儿女最基本的善良品质。

“父母之于子也，子之于父母也，一体而两分，同气而异息，若草莽之有华实也，若树木之有根心也。虽异处而相通，隐志相及，痛疾相救，忧思相感。此之谓骨肉之亲，神出乎忠而应乎心。”在与父母的血缘关系之外，存在着更为深层的联系，即精神上的联系，也就是道家说的魂魄的关系，老阴老阳与少阴少阳的关系。

孝道，其实是对本源的感恩、回归和养护。无根之树是长不高的，而对双亲之中的任何一位的厚此薄彼，也容易造成自己的心灵失衡，而导致不顺和困扰。中国传统文化是以孝敬父母为核心的孝道文化。

传说很久以前，有个君主叫舜，他出生在一个穷苦家庭，年幼丧母，父亲是个盲人。后来父亲又娶一妻，生一子叫象。从此后母常虐待舜，后来连父亲也讨厌舜。每当父母发狠心要杀死舜时，舜只好逃跑。可当父母生病需要人照顾时，舜又回到他们身边，尽力服侍父母，还处处让着弟弟。舜的孝心感动了天地。当舜在历山的农田耕作时，竟有大象跑来帮他犁田，小鸟飞来替他播种。后来，尧帝发现并提拔了舜，让舜协助自己来管理国家大事。舜在尧手下干了28年，做过各种各样的官，都很称职。最后，尧把帝位传给了舜。尧之所以选中舜为帝位继承人，就是因为舜不仅有才干，而且是个大孝子。可见，把孝亲敬老视为最崇高的美德，并作为选拔官员的标准是自远古就沿袭流传下来的，并世代相袭、贯穿百代。

孝顺是善良的基础，只有善良的人才可能做到孝顺。一个对养育自己的父母都不好的人，我们怎么可能指望他对别人好，对社会有所贡献呢？

孝亲敬老不能靠等靠催

“树欲静而风不止，子欲养而亲不待。”年少时读此诗句，只是顺口而下，未解其中滋味。如今重拾旧句，竟怅然而泪盈满眶。无亲可养，无老可依才是最悲哀的事情，所以我们孝亲敬老不能靠等靠催。

赡养老人是为人子女者的义务，也是中华民族的传统美德。人生苦短，不过百年，而我们的父母已经过了大半了，或许他们辛苦了一世，却还没有享到人间之福的时候就匆匆离去了。父母老了，很多事情都不能自理了，但是只要他们还在，就永远是我们心灵的避风港。我们这些儿女们，就像风筝一样，无论飞到哪里，总有一根无形的线在牵着，那就是父母。父母在的地方，就是我们精神家园的所在。如果父母已逝，那我们就如孤鸟一样，随处翱翔，不管有多么光彩明艳，不管生活是多么绚丽多姿，内心总有一种深深的遗憾，一种无家可归的感觉。有亲可奉是一种莫大的幸福。

曾经，一首歌曲《常回家看看》流行一时。歌曲唱出了父母双亲在晚年对儿女伴随身边的期待。其实对劳累一生，将儿女抚养成人的天下父母来说，“常回家看看”就是最大的安慰和孝顺。

一家外资企业的一位业务骨干在做报告时讲到自己的经历。有一段时间，因为工作关系，要经常加班，非常辛苦，甚至没有时间和精力顾及家人，他突然觉得很久没有听到老母亲的电话了，于是在一天深夜下班后，他往家里打电话，非要和老母亲说几句。电话另一端的家人实在瞒不过，就告诉他，老母亲一个月前去世了，临死的时候还一直嘟囔着儿子咋还不回去。家人怕告诉他以后，他受不了，就瞒了下来。得知母亲去世后，这位业务骨干感情失控，非要立刻回到家中，可家人再三劝阻，要他冷静想想自己肩上责任，他最终还是留了下来。继续坚守工作岗位，但这件事却成为他心中永远的伤痛和遗憾。

失去亲人的痛苦，未尽孝养和送终的遗憾，对于任何一个人来说，都是无以复加的。许多人都有这样的经历，这样的苦楚一说出来，很多人都会产生无尽的共鸣。尤其是对那些父母苍老，在单位又是骨干，年过四十的中年人来说，更是这样。对父母无法尽孝的遗憾会随着时间的流逝，渐渐变成一种令人难以排解的苦楚，挥之不去。所以，我们就更要看重和珍惜自己所拥有的宝贵机会，尽量为父母多做些事情。另外，人去了就再也不能回来，我们在孝养上的遗憾不可能来世再补，所以只有把握一切机会，好好对待自己的亲人，千万不要到失去的时候，再来懊悔。

及时行孝，就是要懂得时间有限和珍贵。总以为来日方长，总以为机会常有，却不想，人生如白驹过隙，稍纵即逝，亲情也是永远无法完全回报的，还有，生命本身就隐藏着不堪一击的脆弱。一个“孝”字，上为老，下为子，是上一代与下一代，这就注定了父母只能陪子女一段路，一段不长不远的路。倘若总是忙于功名利禄，而忽略了父母，遗忘了亲人，也就真的“子欲养而亲不待”了。上天只赐予了我们一次缘分，如果我们能在有限的时间里，与父母好好相处，嘘寒问暖，也就会减少遗憾和痛苦。

有一首歌叫《孝敬父母》：“孝顺是疼爱，孝心是祝福，孝敬就是帮父母忙忙家务下下厨。瓜果梨桃买给父母尝尝鲜，订份晚报常为父母读一读。孝敬父母，常把爱当做儿女的礼物……”这动人心弦的歌词，值得我们每个员工牢记并履行。

老龄化社会孝道更重要

孝敬父母是中国传统伦理道德的重要内容，中华民族历来非常重视孝顺父母和尊敬兄长。近几年，由于社会加强了精神文明建设，传统孝道中的积极因素重新受到重视。我国即将步入老龄化社会，而种种现象表明老龄化社会更需弘扬孝道。

百善孝为先。孔子将孝道的内容归纳成三条："始于事亲，中于事君，终于立身。"在家庭里，子女尊敬长辈，长辈爱护子女；在社会上，尽职尽责，为国家作出自己的贡献。现代孝的规范是对传统的弘扬，取其精华，去其糟粕，抛去封建因素，尊老、敬老、养老仍然是我们应具有的传统美德。

在家庭小型化、空巢家庭日益增多的情况下，老年父母对代际之间亲情的渴望更加强烈。目前我国正处在社会转型期，新旧体制交替，尽管社会养老随着经济的增长而不断发展，然而，市场经济的波动性以及新体制的不稳定性使社会养老将难以取代家庭养老，孝道在维系家庭养老中依然起着不可忽视的作用。作为职场人的企业员工，发扬孝道文化应该从哪几个方面做起呢？

首先要有孝心。行孝是一种充满爱心的行为，尊重、关心父母，在有条件的情况下，用心满足父母的物质和精神需要。用心与父母交流非原则性的事情多谦让，批评和建议要委婉、耐心。

其次要尽力而为。尽孝要在能力所及的范围内，既满足老人的需要，也不耽误工作。优秀共产党员、援藏干部孔繁森并没有因为要孝敬老母亲而离开西藏；同时，也没有因为长年在外而忘记尽孝。他每次从西藏回家，第一件事就是给母亲梳头、洗脚、洗衣服、洗被单，用排子车拉母亲到村头树荫下、河边游玩。

第三要重精神慰藉。物质生活有了保障之后，父母最期盼和最渴求的是子女的精神慰藉。当儿女的能够经常问候，日常生活伸一把手，生病时多探视，有空多和他们说说话，他们就心满意足了。独居老人更希望子女能够常回家看看。让老人精神愉快、健康长寿，比给他们贵重的金银首饰都实在。

另外，在大家庭尽孝，子女间要协商解决。兄弟姐妹之间，彼此的经济、工作和家庭条件均存在差别，赡养、照料老人，应通过协商达成一致，有钱出钱，有力出力。人人有孝敬父母的责任与义务，不能借口其他人已经尽孝而为自己不尽孝开脱。

日本、印度和韩国与我国一样实行 “子女必须尽孝道”的政策，鼓励赡养照顾老人。新加坡等其他一些国家正在考虑实行类似的办法。香港和台湾也十分注意传统伦理道德的宣传，许多电视和文艺作品中都强调了尊老爱幼的传统美德，值得我们借鉴。

联合国曾确定1999年为国际老年人年，主题是：“建立不分年龄人人共享的社会”。建立“不分年龄人人共享的社会”的重要前提是代际和谐。两代人之间无论是社会的还是家庭内的，都要相互依存，相互帮助，以实现不同代人的共同利益。老年是人生的一个阶段，家家有老人，人人都会老，关心老年人就是关心自己的未来。

企业文化的精髓是孝道

在经济发展中道德的滑坡为全球的人们平添了无尽的困扰，政府所倡导的高素质、高道德要求也似乎成了一种空谈，维持道德平衡是企业的责任，企业与社会一道呼唤“孝道”的出现。

儒学大师孔子给孝的定义是：“能敬者谓孝；和颜悦色者谓孝。”荀子则云：“从道不从君，从义不从父，人之大行也。”诚然，孝的定义可谓多多，也可以包含人们的种种言行，但世人所认可的“只有孝子才能对得起朋友，才可深交、信任；才能对得起企业和社会”，不能不说是对“孝”的最好的定义了。

中国自古以来就是礼仪之邦，五千年孕育的文化源远流长，养育了一代又一代人，究其根本，朔其本源，中国传统文化的底蕴就是“孝”，孝的具体表现形式有诚、信、礼、义、敬。

作为经济发展的主体——企业有义务承担民族文化的传播与发展。我们要从实际出发，立足当前，放眼未来，鼓励并支持孝子的孝行，从而向全社会发出号召共同来关注老人的生存情况，动员全社会乃至全世界一起来倡导孝道，唤醒不孝之子的良知并能够得以自我改进，使世界充满爱、充满关怀，使神州大地到处都能听到老人们欢快的笑声，让地球成为孝子村。

孝道是民族企业的对外形象。通过树立民族企业的孝道文化，让全社会了解企业的行为准则，从而树立民族企业的良好的对外形象——孝子企业。让人们明白我们是孝子在管理企业，孝子在生产产品，孝子在销售产品，那么消费者就会设想只有孝子才能够消费该产品，从而使民族企业的产品精神化，脱离物质产品的层次，进入人格殿堂。那么每个民族企业所在的地方就是孝子聚集的所在，恰如古人云：乡有贤人，农人知廉耻！

孝道是企业的用人宗旨。每个民族企业都要倡导“非孝子不用”。许多企业在招聘员工时，在能力与学历都符合条件的情况下，还要符合最后一个必要条件那就是：是否是孝子，还需要有应聘人员的父母亲签字来证明，否则坚决不予录取。同时，在年终考核时，每个员工同样要有父母亲的书面证明，表明该员工在过去一年里能够关心父母，否则，企业可将该员工的年终奖励交给其父母，并终止其在公司的一切工作，直至解除合同。

一个重孝道的员工也必然是一个敬岗的员工。敬岗就是热爱自己的企业，喜爱自己的岗位，能够不断地向公司提出合理化建议。同时，企业也要适时地制定并出台一些有利于推动员工建议的制度规范，要尊重员工的知识并能够给予一定的奖励。企业以前没有得到利用，甚至被忽略的员工的知识、动力和责任感，由于一个简单的尊重就可以充分利用，只有这样，企业才可以真正发扬并鼓励员工发扬潜在的以企业为家的精神。

孝道工程是修建人们灵魂、良知的工程，而孝心则是人们最朴素的表现，是人性的自然流露。企业要投资创办“孝子”学校，首先要求学校的老师是孝子，其次要求学生也是孝子。

我们希望更多有社会责任感的企业致力于让老年人安享幸福晚年、让家庭美满、让社会和谐的事业，也希望更多的社会力量积极参与和老年相关的公益事业，更希望新闻媒体和专业研究者对传统孝文化去其糟粕、扬其精华，将中华传统孝文化和现实社会相结合，赋予其新的内涵，代代相传。

总之，有孝心才能有孝行，有孝行才会有和谐的人群，有和谐的人群才会让我们更加放心地投入到工作中，企业员工要将这种孝道文化发扬光大。

是谁把孝文化悄悄偷走

在中国几千年的历史长河中，“孝道”是一个涉及子女对父母、晚辈对长辈的伦理道德规范。甲骨文的“孝”是一个会意字，由儿子用头承老人手行走。意思是人老了，行动困难，应由子女扶持。现代企业员工更应该带头发扬孝道文化。

孝敬父母是一个做人的道德底线，但是，在现实生活中，不知有多少人竟然抛弃生养自己的父母于不顾，不仅对已经丧失工作能力的父母的基本生活不管不问，就算年迈的父母生病卧床即将不久于人世，也仍然不屑一顾，依然只顾自己的潇洒人生。特别让人感到极其不解与愤怒的是，这样的事情，不仅存在于贫困的农村家庭生活中，而且竟然还不时地发生在富裕的城市家庭里，甚至还是对综合素质要求很高的领导干部身上，以至于不少的地方，政府部门竟然不得不通过出台干部任用规定：不孝敬父母者，不得提拔！

中华民族的文化血脉中本来有着浓厚的孝道情结。但是，这些年来，一些东西洗劫了中国的孝道精神。在市场经济的大潮下，社会上异化出一股一切向“钱”看的风潮，宁可要钱不要父母，打骂父母、公婆等恶劣事件也常见报端。

在目前中国经济社会发展的转型期间，我们不能不问：究竟是谁偷走了我们做人的道德底线？我们的优良传统孝道哪里去了？在关系到中华民族精神文明生死存亡的时候，我们对此究竟应该要怎么办才好呢？只有大力弘扬孝道我们才能守住道德底线。

我们当前的一项重要任务就是大力推行孝文化，进行孝文化建设。一些政府机关和企业对各级干部员工处分条例中规定不尽孝者将受处罚，这只是个开始，我们要在实践中不断加以完善，在外延上进行扩展，从而大到对全体公民都具有普遍的约束力，使人们不敢不孝，不能不孝，不想不孝，不愿不孝。

弘扬孝道有利于家庭关系的和谐。在我国，虽然人们的生产、交往活动很大部分已经不再集中于家庭之内，但家庭关系与家庭生活仍然是人们最重要的人际关系和生活单位，绝大部分的中国人仍然有着非常深厚的家庭情结，亲子关系的和谐价值仍然为人们所珍视。对公民进行孝的传统美德的教育，是建立和谐的亲子关系、和睦的家庭关系的重要措施。家庭是社会最基层的细胞，只有家庭和睦，才可以促进社会的和谐。在这一点的认识上，企业员工应该是首当其冲的。

孝文化使世间万事和顺

佛学里有：工作、姻缘、资财、办事、长寿、个子高、健康、人缘、好子女等一切做人福报，要从孝顺供养父母里修炼的理论。凡人有两种方法积大福德，成大果报得甘露味：一种是供养父母，一种是供养帮助大家的人。即是说行孝可以使我们万事和顺。

你是否遇到过这样的情况：面对双手颤抖，身体消瘦，语言不清的老“娘”你躲避了，看到行动缓慢头发花白，面容黝黑的老“爹”你离开了。一切只因他们不再重要。是啊，年纪老迈、体弱力衰，你已不能再从他们身上掠取利益，他们也不能再为你赚得金钱不能再为你做家务、看孩子。年迈的“老头”、“老婆子”就是无用的废物。

可回头想想，是不是这双颤抖的手时常把婴儿时的你抱在怀里，给你温暖，给你安眠？你穿的干净衣裤，吃的热乎饭菜是否也是这双手给予的？若没有这双手你又如何能长大成人呢？这双手正是因对你过分关心与操劳才变得颤抖。再看那瘦弱老人的缓慢举止，让你烦不可耐，而你又忘记了是他用伟岸的身躯撑起了这个家，是他用无尽的劳动与汗水为你换得衣食住行，为你交付学费学得文化知识。没有他昼夜不息的辛劳，会有你的今天吗？当年强壮的他为何变得举止缓慢、身躯消瘦，不也是因对你过分疼爱的缘故？花白的头发难道不是因对你的过分牵挂与思念？

山东泰安一农家中出现了这样一个奇迹，村民们都声称是上天的妙作。

有一个儿媳对婆婆非常孝敬，对待婆婆比对待亲娘还要亲。几年前婆婆突然身患瘫痪，孝顺的她一直忙在婆婆床前，又问寒又问暖，端屎端尿从未嫌弃过。后来丈夫去世，她不但没有改嫁，反而搬来和婆婆一起住，尽心伺候婆婆，就在她伺候到第七年时，婆婆突然自己坐了起来，瘫痪病奇迹般消失了，大伙都说是她的孝心感动了上天。

传统文化告诉我们：孝敬父母不仅不用怕天，还可得到苍天的保佑。这正应了中国字的“孝——顺”，即“孝敬者多半事事顺利”。 作为无神论者，我们虽然不相信天地神明，但“孝——顺”这一观点，却是有其道理的。看生活中真正的孝子，他们的家庭、事业，相比之下都比较顺利，这是为什么呢？俗语说：“百善孝为先”，孝顺的人必然能得到世人的尊重。

有的人看似很孝敬，但为何并不顺利？因为他们孝敬不够真诚，有很多人孝敬父母只是在买几件新衣服，买几盒点心上，但与父母的心不沟通，这种孝敬多是为面子而做的并不是真孝敬。真正孝是有孝心、能体贴父母、赡养老人，各方面照顾周到，给老人温馨与幸福；敬是尊敬、敬重、恭敬，对老人说话要和气、平缓，不可气势汹汹，傲不可攀。要让老人在上，听他们的话，不让老人生气。只有这两样齐备才是真正的孝敬。

行孝也要讲方法和技巧

老有所依、老有所养，既是社会的责任更是子女的义务。老年人在生理上有其本身的特点，因此敬老、爱老也要讲究科学和方法，不能主观地按照年轻人的思想和生活方式去强行改变老人的生活环境。

人到老年，心理难免会发生变化。有位心理学家说得好：老年人有些地方像孩子，生活起居方面需要帮助和关心，有时还需要“哄着”；可老年人又不是孩子，他们的身心健康很大程度上依赖于自信心的巩固和良好的人际沟通，所以，仅仅让老年人起居无忧衣食不愁，仅仅“哄着”，是远远不够的。在风风雨雨中过了大半辈子的老人们，除了物质上的需要，更渴望家庭的温馨与亲人的关爱。

有一些年轻人把孝敬老人简单地理解为老人只要有吃有穿就万事大吉；也有的年轻人认为，只要让老人高兴就好，因而不管是吸烟、喝酒一切都无原则地满足；还有的儿女，不管老人是否需要，整天大包小包的补品买给老人吃，结果反而引出许多毛病。总之，有些儿女虽费心不少，但老人并不满意，或不适合老人实际需要，甚至还出现让人意料不到的后果。那么，该怎样按照老人的生理、心理特点孝敬老人、科学安排老人的生活呢？

要理解老年人出现的种种变化。人在进入老年期后，生理和心理都会出现很多变化，比如，爱唠叨、丢三落四、脾气急躁、挑食，等等。对于这类“消极变化”，子女应予以理解、宽容，千万不要责怪老人“古怪”、“无理取闹”。

要注意满足老年人的精神需求。向老年人提供金钱或其他物质帮助是尽“孝道”，但大多数老年人最害怕的还是孤独。因此，无论你有多忙，都应经常抽出时间来陪一陪父母，或者唠唠家常，或者回忆往事，甚至耐着性子倾听父母的自言自语。

不要包办一切。老年人需要帮助和照顾，但是，子女不要包办一切。老年人有选择食物、衣着、娱乐、社交对象的权利，这些都要尊重。对老年人力所能及的家务和日常琐事，不应一概包下，而是要让老年人适当地劳动，一方面可以活动他们的筋骨，同时还可以让他们获得一种心理上的满足感，让他们觉得自己还没有老。

让老年人参与家庭决策。家里的一些重要事情，即使你完全可以作出正确的选择，也最好征求一下父母的意见。一方面，老年人生活阅历丰富，他们的看法可以帮助你考虑得更周到；另一方面，也是最重要的，就是让老年人感觉到自己存在的价值，感觉到子女的尊重，不要让他们觉得自己老了，没用了。要鼓励老年人社交。老年人，特别是古稀老人，往往觉得与同龄人才有较多的共同语言，因而晚辈对家中老年人的老朋友上门，应热情接待，礼敬有加。此外，还应主动创造条件，鼓励老年人通过养鸟、下棋、种花、打球、跳舞等活动和外界联系、沟通。答应了父母的事，千万不要食言。否则，他们会感到沮丧和失落。

此外，要记住父母的生日等重要日子，如果你不与父母生活在一起，那么一定要经常与他们联系。有时，一封书信，一个电话，都能使他们倍感温暖。坐下来听听父母说话，多与他们交流吧！不要担心父母的意见陈旧保守，这是他们用大半生的经历换来的，总有可参考的价值，有些正是我们最需要的；也不要嫌父母的唠叨烦心，当有一天这熟悉的声音离你远去，你将会无比怀念。

第四章》》
仁学：有爱心宽待人受人欢迎

仁自古是中华传统文化精神的根基。儒家学派将它作为最高的道德原则、道德标准和道德境界，其核心是“恭、宽、信、敏、慧”。从字形构成来看，一人是“仁”字，二人为“从”字，三个人则成“众”字，“仁”有二人便产生了一种关系，指人们要互存、互助、互爱，对他人尊重和友爱。现代企业对传统道德的核心“仁”更为看重。

员工做事先把仁记心间

仁爱是一种人格情怀，首先应该表现出一种高风亮节，一种胸怀大志的气度，同时也是一种非常具体的行为方式。这样的一种大气度、大智慧并不是与生俱来的，而是后天修身克己的结果。培养一种深刻、博雅、有使命、有担当的远大情怀是每一个仁爱之人的处世态度。

仁爱是儒家思想的核心内容，同时，这一思想，也贯穿了孔子政治、教育、伦理、文化主张的诸多方面，尤其是在做人的问题上，在孔子看来，仁爱是做人的根本。作为企业员工无论是工作还是生活心中要常常把“仁”记心间。

在一个村子里，有一个盲人，这个盲人只要是夜里出门，他一定要打一盏灯笼。村里人夜里出来，只要看见有灯笼的地方，就知道是这个盲人出来了。外地来的人看到这种情形，就唏嘘感慨，觉得这个盲人的品德太好了，他自己是没有光明黑暗之分的，可他深夜出来，总要操心别人能不能看见，为别人打一盏灯笼。就跟盲人说：“你真了不起！”盲人淡淡地说了一句：“因为我是盲人，我不希望别人撞到我，我打灯笼也是为我自己。”

盲人打一盏灯笼客观上是给别人照亮了路，主观上其实也给自己规避了很多风险。在这个苍茫的世界上，我们都是明眼人吗？我们都能洞悉一切事情、规避一切风险吗？有时候就为了让别人方便，打着灯笼让别人看见路了，躲开你了，你自己的风险其实也就没有了。所以仁爱有时候是一种身体力行，在身边的点点滴滴中。

一个真正仁爱的人，以仁爱安身立命，并非是做一个老好人。要能分辨是非，分辨出什么是真正的好人，什么是真正的坏人。他的是非判断是明确的。不要以为提倡忠恕之道、提倡宽容善良，就毫无分寸，纵容违法犯罪，真正的仁爱是有原则的。

真正内心有仁爱的人，他热爱山川河流，热爱四时风物，热爱和别人在一起的欢乐时光。而他那温柔的情怀，可以无所不在，去感染所有人。

仁爱是一种修养，懂得仁爱才懂得与人相处的真谛。仁爱是一种态度的流露，而这种态度将决定我们工作的方向。仁爱是一种行为方式，它会为我们的生活创造绚烂的霓虹。希望我们每个人都用仁爱的态度，与世界生成一种融洽，让我们的世界更美好！

心中有仁方能志存高远

如果一个人能心志于仁，不做坏事，那么无论何时何地，都不会真的吃大亏、被欺负。而从整个社会的发展规律来看，这种人也是符合道德取向和职业需要的。这样的人才能够志存高远。对于企业而言，如果每一员工都是这样的人，就一定会有更加美好的明天。

“仁者无敌”，这其实并不是一句高调。在当代社会，随着市场经济的发展，很多人错误地认为所谓的“仁爱、良心”已经没有实际意义了，这其实是一种既狭隘又短浅的观点。从长远的发展看，立志行仁，内心就会有一种向善的自律力量，它会使一个人产生强烈的使命感和责任感，不但拥有推动生活、事业的正能量，而且也能够在整个前进的路上，不产生内在的焦虑、彷徨，同时令外界那些见不得人的干扰、攻击对你敬而远之。

无论在古代还是在当前，时代的变化并不能改变事物自身的规律。用心险恶、手段卑劣，虽然有时候能获取蝇头小利和短暂的好处，但毕竟不是正道；只有内心仁德平和，行为光明正大，才能够成就大事。

下面这个古老的故事就说明了这个道理。

15世纪，荷兰的几个水手为了寻找一条通往中国和东印度群岛的航线，组织了一次探险航行。探险队起航前，荷兰的商人把一些准备和中国人进行贸易交换的商品装上船。水手们肩负着重任，出发探险了。

水手们抵达北冰洋后，夏季已结束。探险船被冻结在冰水中，全体水手被迫登陆。他们在登陆的岛上修建了木屋，等待着春天的来临。在饥寒交迫的恶劣环境中，有些水手因饥饿而患病，甚至不幸死去，而其他水手，没有一个人去动那批货物，那批货物全是舒适的服装、好吃的食物。

由于船长期受冰块挤压，造成了船身破损，冰雪融化后，水手们只得站在齐腰深的冰水中修船。在这从死神手中挣扎逃出的时刻，水手们仍带着商人托付的货物。水手们上岸后，首先就是把货物打开来晾干，因为他们想在好的状况下将货带回荷兰。

在剩下的日子里，水手们饥寒交迫，但是仍没有人去动那些货物。

一年多过去了，历尽艰难的水手终于回到了荷兰。他们早已一无所有，但货物却完好无损。荷兰商人们看到这批货物，都称赞水手很仁义。

这些水手身上所体现的使命感闪着耀眼的光辉，这种道德的约束、良心的承诺，就是仁义的力量。他们把仁义看得比生命还重要，在生命受到威胁的时候，他们仍然不以丧失仁义来挽救生命。

被称为“内圣外王”的曾国藩曾说，宁可被认为无才而为庸人，也不可被认为有才无德而为小人。这反映了他在仁德与才干之间的价值取向。随着社会的不断进步和规范，选拔人才，也是以品质为先的。

品行映照的是我们的灵魂，一个人如果品行修炼不好就会感到灵魂不安，而且容易犯下错误。这种不良记录终将受到应有的惩罚。同时，一个人的不良行为也会使整个社会为之付出代价。一个人的名誉、能力要想得到社会公众长久的认同，必须持续地在每一件事上都为自己的态度负责。在我们的工作中，你种下什么种子，将来必定收获什么样的果实，这就是人们常说的因果定律。

你在这个世界上选择什么样的工作，为什么工作，如何对待工作？从根本上说，这不是一个关于做什么事和得多少报酬的问题，而是一个关乎生命态度的问题，是一个体现职业道德的问题。对于职场中人来说，生命中最重要的活动就是工作，只有以认真的态度对待自己的工作，不断修炼自己的品行，将精力完全投入到自己的工作中，才会拥有精彩的人生。

心中有仁，才不会做坏事，也不会耍小聪明，才算得上真正的志存高远！作为现代企业的员工，千万不能忽视这一点。

仁是对领导的尊重敬仰

一个人如果对世界、对他人都保持毕恭毕敬的态度，那么，他的生命就不会轻易招致侮辱。真正的“恭”，永远与敬相连，也就是说，能够对别人恭的人，他寻求的是一种松弛的、柔软的生活态度，他的人生是充满弹性的。

“恭敬不如从命”，这是中国一句古老的至理名言。在领导和下属的关系中，尊重领导、服从命令是第一位的，这是上下级开展工作、保持正常工作关系的前提，是融洽相处的一种默契，也是领导观察和评价下属的一个尺度。

尊敬领导是所有组织的要求，服从领导是所有企业的制度。企业领导层是企业的核心力量，即使没有森严的等级制度，但也有着最基本的上下级关系。

不管你遇到怎样的领导，除了他明显违背法律和政策之外，你都应该懂得尊重领导并服从领导安排，用尊重和服从来维护他的权威。

一家上市公司的职员小刘工作认真负责，办事干净利索，工作能力强，领导很欣赏他，打算给他升职。但是，两年过去了，小刘职位还是以前的样子。原来小刘认为自己能力强，经常在公开场合顶撞领导，让领导的尊严当众受损，作为领导又怎么可能提拔这样的下属呢？

而他的同事小徐就很尊重领导。小徐是做财务工作的，又是注册会计师，但是就业务而言，年长的领导有丰富的实践经验，小徐自愧不如。小徐跟着领导踏实做账、做报表、做预算、审计合同中和财务相关的条款，有不懂的就问，他的尊重更多是从他的眼神中流露出来的。当领导有更高的职务时，其接班人自然而然地就是小徐了。

只要你能尊重领导，领导就会对你有一个非常好的印象，你和领导之间也一定会建立起和谐融洽的上下级关系。而这种关系对一个职员来说很重要，它可能影响到你日后的职业发展。

没有人敢保证在工作中不会挨领导的批评，而在受到领导批评时，最需要表现出你的诚恳态度。最让领导恼火的就是他的话被你当成了“耳旁风”。如果你对批评置若罔闻，依然我行我素，这种效果也许比当面顶撞更糟，因为你的眼里没有领导。

如果在公开场合受到领导不公正的批评或错误的指责，一定会让你觉得很委屈、很难堪，当面顶撞是最不明智的做法，既然是公开场合你下不了台，反过来也会使领导下不了台，可以选择在私下和领导耐心地做些解释，并用实际行动证明自己。受到领导批评时，反复纠缠、争辩，希望弄个一清二楚，这也是很没有必要的。你要学会去体谅领导，如果你能换位思考，站在他的位置上去思考问题，就会更好地理解有时领导的言行不一定是对下属的苛求，换了你可能也会一样。如果的确有误解怎么办？可找机会表白一下，点到为止，不要过于追求弄清是非曲直，不然会让人们感到你心胸狭窄，经不起任何误解。

对领导的尊重和服从，上升到儒家思想的核心其实也是仁的一种体现。“爱人者，人恒爱之；敬人者，人恒敬之。”你尊重别人，别人也报以尊重；你藐视别人，别人定还以鄙薄。因此，企业员工尊重领导亦自重，对领导的尊重和服从就是实践仁爱的具体行为。

仁是工作中的敏则有功

仁学中“敏”是很重要的一个内容，“敏则有功”，即谁敏锐谁就能建功立业。敏锐是一种大通达，敏锐能提高效率。孔子的智慧无非是有个思维方法——叩其两端而择焉。也就是说事当前先权衡这件事最大的利弊是什么，坚持或放弃会有什么好坏。

敏则有功这话说得很简单，意思就是说谁敏锐、敏捷，谁就能建功立业。我们人人都在做功，但有人就做的是无用功，而有人总能从不经意地方获得灵感的火花，这就是思维敏捷的人和普通人的不同之处。这种人也往往更容易成就一番事业。

在美国，曾经有一个穷困潦倒的画家，在他最贫困的时候，已经到了连买油漆画布、彩色颜料的钱都没有的地步。他只好在街上给人画广告，后来流落到堪萨斯州，在一座教堂里给人家修补壁画。这个时候他已经惨到晚上只能住在一个破败的车库里，车库里唯一的生命就一只小耗子，这只小耗子经常吱吱呀呀在他身边跑来跑去。他很孤独，所以跟这只耗子成了朋友。一个偶然的机遇，好莱坞要推一部动画片，寻找主创设计师，他报名参与角逐。他坐在车库里面，晚上咬着画笔，盯着画纸，毫无灵感。就在他觉得走到穷途末路的时候，那只小老鼠跑来蹲在他画案上，两只小眼睛亮晶晶地看着他。他看着这只小耗子，脑子里突然灵光乍现，跳出一个造型，落在笔下的就是米老鼠。这个人就是大名鼎鼎的迪斯尼先生。车库里一只小耗子，成就了一位大师，成就了一个经典的卡通形象。

迪斯尼的成功在于他的思维敏捷，敏是什么？敏是抓住无所不在的机遇。敏不仅仅是表现在这样一种敏锐、敏捷上，还表现在日常经常绷起来的神经上。表现在一个人对自己生命的自省，对环境的观察，能够防微杜渐。一个真正敏锐有智慧的人能在现实中发现各种各样的机遇，当受到挫折的时候，也会最先发现那些最有利的因素，去把坏的一件事情迅速变好。

这就是一种敏锐的智慧，就是人在失败中可以发现更好的机遇，对我们每一个人来讲，生活不完全听从我们的意愿，我们可能遇到风浪，这时就更应保持思维的敏捷，锐意进取、反败为胜。作为企业的员工，肩负着振兴民族的使命，更要不断培养自己这种素质。

仁是同事间的相互包容

包容不仅是一种高尚的人格修养、一种美德，更是一种博大精深的境界和意境，是人的涵养，是处世的经验，是待人的艺术，是为人的胸怀，是深藏爱心的体现，是一种生存智慧和力量，是对生命的洞见，是成就事业的必备素质。当然也是仁学的重要内容之一。

孔子认为，一个真正成功的人要有包容、恭敬、诚信、灵敏、慷慨五德，而包容是五德之首。明代思想家、著名的理学大师薛瑄曾说过：唯宽可以容人，唯厚可以载物。 俄罗斯作家屠格涅夫也曾经说过：不会包容别人的人，是不配受到别人包容的。

包容与厚德是紧密相连的。中国古代崇尚人之德行，包容则是做人处世的应有之德。在中国古代，提倡“仁爱”精神，即是厚德文化。包容正是从内心深处对人的尊敬和关爱，包容是“仁爱”精神的体现。

有这样一个小故事：有一条道路崎岖不平，出行的人们都绕着走，有一个人不是跟随人们绕路而行，而是铺路，填平沟壑，铲平坎坷，方便了路人。包容如同铺路，不仅方便他人，也方便了自己，从而构建出厚德。是否具有包容之心，是人内心德行的一个重要标志。有了包容之心，在日常交往中就能以礼待人，遵守信约，多为他人着想；在危险时刻就能身先士卒，挺身而出；在产生矛盾、摩擦冲突时就能谦虚谨慎，主动退让，“退一步海阔天空，让三分烟消云散”。有了包容之心，在工作生活中，就能正确看待自己的荣辱得失，就能以平和的心态去对待生活，不与别人乱攀比，胡争高，做到“宠辱不惊，闲看庭前花开花落；去留无意，漫随天外云卷云舒”。

清朝宰相张廷玉与一位姓叶的侍郎都是安徽桐城人。两家是邻居，在盖新房时，为地皮发生了争执。张家便写了一封信要张宰相出面干预。没想到，张宰相看罢来信，立即作诗劝导：“千里捎书只为墙，再让三尺又何妨？万里长城今犹在，不见当年秦始皇。”张家人见书明理，主动地往后退了三尺。叶家见此情景，深感惭愧，也马上把墙让后三尺。这样，张叶两家的院墙之间，就形成了六尺宽的巷道，成了有名的六尺巷。

要心怀坦荡，包容他人，就必须做到互谅、互让、互敬、互爱。互谅就是彼此谅解，体谅他人。有了互相之间的谅解，就能清心降火，在任何情况下，保持平静的心境和宽厚的品格。互让就是彼此谦让，不计较个人名利得失。心底无私天地宽。摒弃私心杂念，自觉做到以整体利益为重，把好处让给别人，把困难留给自己。做到多沟通不猜疑、多谦让不争功、多包容不挑剔。不争名不争利，不斤斤计较个人得失。互敬就是彼此尊重，不计较我高你低。尊重别人是一种美德，尊重别人，自然也会获得别人的好感和尊重。如果无视他人的存在，不尊重他人的人格，就不会有知心朋友。互爱就是彼此关心，不计较个性、品格、气质的差异。爱能包容大千世界，使千差万别、迥异不同的人和谐地融为一个整体；爱能融化隔膜的坚冰、抹去尊卑的界线，使人们变得亲密无间；爱能化解矛盾芥蒂，消除猜疑、嫉妒和憎恨，使人间变得更加美好。

“金无足赤，人无完人。”我们的同事、朋友，每个人身上都有自己的长处，在相互的交往中，都应该抱着“多看别人的长处，少看别人的短处；多看自己的短处，少看自己的长处”的态度，这样才能取人之长，补己之短，只有这样人与人之间才会和谐相处。如果你认为自己周围的人都是天使，那么你就生活在被一群天使所包围的幸福和安详之中；如果你认为自己周围的人都是魔鬼，那么你就生活在被一群魔鬼所包围的黑暗和邪恶之中，这样我们的心情会快乐吗？

懂得包容他人，也就深刻理解了仁的重要含义，让我们学会彼此包容吧。

仁是一种责任心使命感

互助互济、扶贫济困是中华民族自古以来的传统美德，慈善事业在扶贫济困、救灾援孤、助医助学等方面发挥着越来越重要的作用。慈善事业是社会文明的重要标志，也是构建和谐社会的重要举措，有利于营造尊重人、理解人、关心人、热爱集体、热爱公益的良好氛围。这就是仁，从一定意义上说，仁也是责任心的升华。

优秀的企业文化不仅能使员工产生使命感和责任感，而且能激励员工积极工作，使员工对未来充满憧憬。无论走到哪里，员工对企业的一草一木总是有一种亲切感。优秀的企业文化能够营造良好的企业环境，提高员工的文化素养和道德水准，对内能形成凝聚力、向心力和约束力，形成企业发展不可或缺的精神力量和道德规范，能对企业产生积极的作用，使企业资源得到合理的配置，从而提高企业的竞争力。

甘肃天庆集团董事长韩庆的故事值得我们思考。

在韩庆的回忆里，曾经艰难苦涩的岁月却是一种甜。他说：“经受过生活的锤炼，牢记成长中的艰辛，人会更加懂得敬畏、懂得感激、懂得珍惜，也因此不急躁、不轻浮、不懈怠，才堪当重任，行得路远。”

十年间，天庆集团捐助项目涉及文化、教育、体育、助残、扶贫帮困、医疗卫生、自然灾害救助等诸多领域，参与社会公益慈善事业8300多万元，其中捐助现金1800多万元。十年来，韩庆率领天庆集团辛勤耕耘、孜孜以求，全力支持各类社会公益慈善事业，用爱心唤起了全社会对弱势群体的关注，得到了各级政府部门的肯定，在社会上赢得了广泛的认可和赞誉，为推动地区社会和谐进程作出了积极的贡献。在天庆集团十年庆典上，韩庆依旧表示天庆集团在今后的发展过程中，仍然会一如既往地继续关心社会公益慈善事业，为社会更加繁荣、更加和谐、更加幸福尽一份微薄之力。

在做人做事方面，韩庆处事谨慎、为人大度、做事低调。十年来，公司在参与社会公益慈善方面，从不刻意筛选帮扶对象，而是以急政府所急、帮社会民众所急，只要是向天庆集团无特殊目的的求助，韩庆几乎是在社会上做到了有求必应，有应必妥善解决。

作为一个有责任感的企业，天庆集团适应时代要求，充分发挥主观能动性，积极承担推动经济社会发展、促进公平正义、发展和谐劳动关系、改善人与自然和谐关系、恪守诚信守法、感恩时代倾情回报社会等六个方面的社会责任，将感恩党、感恩人民、感恩社会、感恩时代的真挚情转化为实际行动，以企业为载体，致力于传播一种爱心、一种文化、一种思想、一种精神，一种有利于民族进步的民族精神……为构建和谐社会作出自己应有的贡献。

只有这样的企业，才是有责任、受尊重、可持续的企业，这样的企业家领导的企业才能乘风破浪、不断成长，具有较强的综合竞争力，才能成长为国内国际一流的企业标杆，也迎合着天庆集团宏远的发展愿景——努力做一个最受社会尊敬的企业！

饮水思源，韩庆怀着对社会的感恩，以永续经营、回馈社会为企业的经营宗旨。上善若水，水利万物而不争。一时一事之“善”，犹如细流；一行一业之“善”，犹如江河；一生一世之“善”，仁是一种道德，更是一种责任精神的升华，则恣肆如汪洋。泊泊然，汩汩然，凡浸润之处，皆为泽被。这应该就是“上善”之境了吧！

仁是心手相传的爱，感动着我们每一个人。我们弘扬这种爱，更要传递这种感动，让仁成为每个人、每个企业、每个团体自发的行为和内在的需要。也唯有此，仁才能真正成为一股推动社会前行的力量，成为一种支撑我们时代高歌的精神。员工有了这种精神，还能有什么完成不了的呢？

仁是处事中的尊重关爱

樊迟是孔子的弟子。一次，他向老师请教什么是“仁”，老师的回答很简洁：“爱人。”“爱人”分为两个层面：首先是尊重他人；其次是关爱他人。不懂得尊重他人的人，是无法发自内心去关爱他人的。因此“爱人”就是尊重和关爱他人，心怀仁爱的人就是懂得尊重和关爱他人的人。

人与人之间的交往都是相互的。一个懂得尊重和关爱他人的人，一定可以获得他人的支持和帮助；相反，如果一个人不懂得尊重和关爱他人，一定会遭到他人的排斥，甚至会被他人所遗弃。

前不久，王凯被公司辞退了。公司辞退他的原因只有一个：不尊重和关爱同事，导致部门内部严重缺乏协同与和谐。

平心而论，王凯是一位非常聪明的策划人员，但是正因为聪明使他自视甚高，在创意讨论会上时常嘲笑和攻击他人的构想。一次，当一位同事表述完自己的创意时，他竟然说：“这是一个极其愚蠢的想法，只有傻子才会这样想。”此后，只要有王凯参加的讨论会，大家都会保持沉默，以免遭到他的嘲笑和辱骂。最终，策划部的全体人员提交了一份报告，报告中明确提出“如果王凯继续留在策划部，部门人员将集体辞职”，结果可想而知。

一个人想要在企业内立足，并取得出色的业绩，光具备聪明才智与能力还远远不够，还必须拥有一颗“爱人”的心。在工作中，学会尊重和关爱他人，你将获得同事和上司的帮助和支持。

仁爱不但离我们很近，而且与我们的事业和人生密切相关，甚至可以说是我们事业和人生成功的根本和基础。

“仁者爱人”意味着关心和尊重同事；“执事敬”便是敬业；“己所不欲，勿施于人”是自己不想要的，不要强加给他人；“成人之美”是帮助和支持他人实现愿望和目标；“当仁不让”则是坚持正确的观点，毫不退让。

在2009年年底举行的员工评比大会上，刘洋被评选为公司最优秀的员工之一。刘洋的转变令所有人感到吃惊。在2009年上半年度的员工评比活动中，无论是个人的业绩，还是协同和沟通能力，刘洋的表现都非常糟糕，上司甚至将她列在有待淘汰的员工行列之中。那么，是什么改变了刘洋？使她成为一名优秀的员工？答案是：一本《论语》。2009年6月，为了提升员工的职业素质，公司购买了一批《论语》分发给了员工。很多人拿到书后，往办公桌的抽屉里一搁，就再也没有碰过。刘洋却反复、认真地阅读了《论语》，并写下了一篇深刻的读后感，反思了自身存在的问题并依据《论语》中的教诲制订了改正方案。很快，同事们感觉到了刘洋的改变。以往工作过程中那个心不在焉、面对问题时总是不断推卸责任和埋怨他人的刘洋不见了；一个关心和帮助他人、勇担责任、尽心尽力履行职责的刘洋出现在同事们的身边。“非常感谢上司给了我一本《论语》，没有《论语》，我就无法理解仁爱，就无法理解敬业的真正内涵，更无法与同事们和谐、友好地相处。”在授奖仪式上，刘洋如是说。

《论语》中对仁爱提出的要求，恰恰与成为一名合格的员工应具备的品质不谋而合，仁爱决定着我们是否能成为合格的职场人，也决定着我们的事业和人生的成败。

恩惠心善待他人也是仁

怀有这样一种恩惠之心，然后去宽厚他人。惠则足以使人，一个能够有恩惠之心的人，才能够领导他人，因为他使唤得动所有人。这就是所谓的“利益均沾”，它可以让所有人从中获得自己应有的名分和利益。

“宽厚之心待人”是道德修养的一种体现，自古以来，这种品德一直为社会所崇尚，看似短短的一句话，其实却蕴含了无限智慧和人生哲理。

林则徐有一副对联：“海纳百川，有容乃大；壁立千仞，无欲则刚。”作为一个智者、一位有修养的人，林则徐不但拥有大海一般容纳千百河川的胸襟，还兼有谦谦君子气度，以善良的心来对待一切，时时检点自己，做到严于律己、宽以待人。历史上英明的君主很多也能宽厚待人，受到恩惠的人往往以死相报，历史上这样的例子很多。

秦穆公走失了骏马，当地歧下的百姓三百人把马给吃了，官吏追踪到了这些人，要按法惩治这三百人，但秦穆公却说：“君子不以牲畜害人，我听说吃马肉不喝酒会伤人。”于是送酒给这些人并赦免了他们。大约三年后秦穆公伐晋，但却被晋军困住，秦穆公也受了伤，在这危急的关头，一支队伍冲了过来，击溃了晋军，秦穆公反败为胜并俘虏了晋惠公，这支队伍就是当年吃了秦穆公的骏马并被秦穆公赐酒赦免了的三百人。

按说凭秦穆公的权力和地位，自己的“善马”被“刁民”杀了吃了，不说“怒火中烧”，至少也“气不打一处来”，无论怎么处罚也不过分，但秦穆公心平气和，“君子不以牲畜害人”这是何等仁义博爱情怀，这和孔子家马厩起火，孔子退朝回来先问“伤人乎？不问马”如出一辙，秦穆公和孔子都是以人为本的典范。

春秋时期楚庄王也有一段流芳千古的佳话，这就是有名的“灭烛绝缨”。

楚庄王在名将养由基平定叛乱后大宴群臣，宠姬嫔妃也出席助兴。席间丝竹声响，轻歌曼舞，美酒佳肴，觥筹交错，直到夜色降临仍未尽兴。楚王乃命点烛夜宴，还特别叫最宠爱的两位美人许姬和麦姬轮流向文臣武将们敬酒。忽然一阵疾风吹过，筵席上的蜡烛都熄灭了，殿前席间一片漆黑。这时一位官员斗胆拉住了许姬的手，拉扯中，许姬撕断衣袖得以挣脱，并且扯下了那人帽子上的缨带。许姬回到楚庄王面前告状，让楚王点亮蜡烛后查看众人的帽缨，以便找出刚才无礼之人。楚庄王听完，却传令不要点燃蜡烛，而是大声说：寡人今日设宴，与诸位务要尽欢而散。现请诸位都去掉帽缨，以便更加尽兴饮酒。听楚庄王这样说，大家都把帽缨取下，这才点上蜡烛，君臣尽兴而散。七年后，楚庄王伐郑。一名战将主动率领部下先行开路。这员战将所到之处拼力死战，大败敌军，直杀到郑国国都之前。战后楚庄王论功行赏，才知其名叫唐狡。他表示不要赏赐，坦承七年前宴会上无礼之人就是自己，今日此举全为报七年前不究之恩。楚庄王大为感叹，便把许姬赐给了他。

秦穆公与楚庄王宽宏大度的做法，不是一时心血来潮偶尔为之，更不是处心积虑、装腔作势的表演。表演出来的东西，是不可能流传千古的。这是他们本身具备了极高的素质修养和极宽广的帝王胸怀，使更多的贤士归附了他们，这才成就了他们雄踞“霸主”地位多年，才有了他们二人缔造的“伯乐相马、百里奚五羊皮（用五张羊皮换一位名臣百里奚），三年不鸣，一鸣惊人”等脍炙人口、流传千年的典故。

故事中的主人公正是用宽厚之心、仁义之心、用心换心，才有了下属舍生忘死相报，才有了流传千古的佳话。作为现代企业的员工不应该从中受到启迪吗？

第五章》

义道：坚持正义，保持节操

提到义，我们必然会想到利，二者密切相连，是每个人都不可回避且回避不了的问题。从古至今，任何社会和有人群居住的地方，都离不开二者之间的相互关系。尤其在当下物欲横流，金钱至上的浮躁时期，二者之间的关系更为明显。以“义”制“利”的道德原则是当下每个职场人、每个员工都应标榜的行为准则。

金钱远远不及信义重要

古人云："诚信者，天下之结也。"孔子说："民无信不立。"孟子说："诚者，天之道也；思诚者，人之道也。"可见，诚信是自古便被看重的品质。企业员工最应该明白的就是这个道理。

信用、信义是一个人立身行事之本。无论是在职场还是商场中都非常重要。商场中是最要讲究信用的，没有信用，坑蒙拐骗，偷奸耍滑，生意最终不可能长久。因此，在清代商人胡雪岩的经商生涯中，他经常说："做人无非是讲个信义。生意失败，还可以重新来过；做人失败，不但再无复起的机会，而且几十年的声名，付之东流。"其实，做生意与做人，本质上应该是一致的，一个真正成功的商人，往往也应该是一个讲信义之人。胡雪岩就可以称得上是一个真正的仗义守信的成功商人，也可以说他的仗义守信正是他能够获得成功的重要条件。胡雪岩的仗义守信从下面这件事情上可以略见一斑。

胡雪岩的阜康钱庄开业不久，接待了一位特殊的客户。傍晚时分，一个人手里提着一个很沉重的麻袋，指名要见"胡老板"。等胡雪岩被从家里找来后，这个人把姓名和官衔报了出来："我叫罗尚德，钱塘水师营十营千总。"然后，把麻袋解开，只见里面有一堆银子，有元宝，有圆丝，还有散碎银子。随后他又从怀里掏出一沓银票，放在胡雪岩面前。

“胡老板，我要存在你这里，利息给不给无所谓。”

听了这句话，胡雪岩大为感动，一个素昧平生的人，竟然如此信任自己。不过胡雪岩心想，以罗尚德的身份、态度和这种异乎寻常的行为，这笔存款既可能是一笔生意，也可能是一种麻烦。

随后，胡雪岩了解到罗尚德是四川人，家境相当不错，但从小不务正业，是个十足的败家子，因而把父母气得双双亡故。罗尚德从小订过一门亲，女家也是当地一个财主，好赌的罗尚德不时伸手向岳父家要钱，前后共用去岳父家一万五千两银子。后来女家见他不成才，便提出退婚，并说如果罗尚德肯把女家订婚时的庚帖退还，他们可以不要这一万五千两银子，另外再送他一千两银子。不过希望他今后能到外地谋生，免得在家乡沦为乞丐，给死去的父母丢脸。这对罗尚德是个刻骨铭心的刺激，他撕碎了庚帖，并且发誓说，做牛做马也要把那一万五千两银子还清。罗尚德后来投军，辛辛苦苦十三年熬到六品武官的位置，自己省吃俭用，积蓄了这一万多两银子，如今已经接到命令要到江苏与太平军打仗，没有可靠的亲眷相托，因而拿来存入阜康钱庄。罗尚德将银子存入胡雪岩的阜康钱庄，既不要利息，也不要存折，一来是因为他相信阜康钱庄的信誉，他的同乡刘二经常在他面前提起胡雪岩，而且只要一提起来就赞不绝口；二来也是因为自己要上战场，生死未卜，存折带在身上也是一个累赘。

得知罗尚德的具体情况，胡雪岩心里盘算了一下，说道：“罗老爷，承蒙你看得起阜康，当我是一个朋友，那么，我也很爽快，你这笔款子准定作为三年定期存款，到时候你来取，本利一共一万五。你看好不好？”

“这，这如何是好？”罗尚德惊喜不已，满脸的过意不去，“不过，利息实在太多了。”

罗尚德非常感动，回到军营后讲述了自己在阜康钱庄的经历，使阜康钱庄的声誉一下子就在军营中传开了。许多军营官兵把自己多年积蓄的薪饷甘愿“长期无息”地存入阜康钱庄。当时胡雪岩的阜康钱庄刚刚开业，根本没有多少资金流通，可以说军营中官兵的这些存款成了阜康钱庄的“第一桶金”。

后来的事实也充分证明，胡雪岩做人的确是仁义尽至，讲信用讲到了家。罗尚德在战场上战死前，委托两名同乡将自己在阜康钱庄的存款提出，转至老家的亲戚家。罗尚德的两位同乡没有任何凭据，就来到阜康钱庄办理这笔存款的转移手续，阜康钱庄在证实了他们确是罗尚德的同乡后，没费半点儿周折，就为他们办了手续。就是从这一点上，我们就能看到胡雪岩仗义而守信用的人品。

现在企业的员工作为社会主义建设大军，个人的思想道德品质不仅关系到自身的前途与命运，更关系到社会主义建设事业和中华民族的伟大复兴，在这方面更要起到表率作用。

做事要踏实做人要本分

排队时我们常常看见，总会有人不守规矩地想着法子插队，商业场中奸商不绝，法律面前他们也如同儿戏。他们之所以这样不守规矩，是有一种“做老实人吃亏，且越老实越吃亏”的过于悲观消极的潜意识。做老实人真的吃亏吗？其实还是要脚踏实地本色做人。

老实人是指那些为人低调安分，为了国家和民族的利益吃苦在前、享受在后，不会因为私利的得失而斤斤计较，更不会做损公肥私、损人利己之事的人。他们不会为了捞取个人不正当利益而绞尽脑汁，更不会搞歪门邪道。

在一时一事上，老实人也许会吃些亏，举个很简单的例子，乘车的时候，老实人规规矩矩排队，自觉热情地让座。虽然如此一来，他们会受久站疲劳之苦，但是他们自觉地将传统美德发扬光大，从本质和长远上看，他们保持和示范了可贵的品质，何亏之有？再有，老实人的人生虽然可能过得平凡，但是他们充实自在而且崇高，绝对没有那些不老实的人担心一旦东窗事发而身陷囹圄的那种提心吊胆。法律从诞生的那一天起，便从来没有哪一部是专门用来对付老实守纪的人的。

欧阳是一个刚刚毕业的大学生，在一家控股公司找到了一份负责推销的工作。他热情对待每一位客户，在很短的时间里，就创下了不菲的销售业绩，为公司带来了很大的利润。

不幸的是，半年后，公司被市场无情的竞争给淘汰了，市场份额一落千丈，根本无法化解如潮般汹涌扑来的困境。迫于财务压力，领导只好缩小经营规模，裁减员工，以减少开支，争取早日度过这个“暗无天日”的难关。欧阳也成了二十多名被裁员工中的一员。

在结算工资的那天，财务给每个员工发放了各自应得的工资。欧阳一连点了几次自己的工资，他发现多出了100元钱。他想：财务弄错了吧，这100元钱怎么处理呢？要不要给财务退回去？他的思想激烈地斗争着，为人忠厚老实的他，最终还是把这100元钱送了回去。财务把钱拿在手里，感叹地说：“你是公司二十多个离职员工中，唯一送回这100元钱的员工，如果公司以后的业务好了，我会让人力资源部门领导联络你，你可以再回来上班。”

时间一晃半年过去了，欧阳还没有找到理想的工作，正当他不得志的时候，他接到了原来单位人力资源部门领导打来的电话，说公司的业务又好了，公司需要他这样的员工，并给他安排了一个管理职务。后来欧阳成为公司的销售总监。

从欧阳的经历中我们不难看出，正是他的诚实使他在绝处逢生，并获得了职业生涯的新起点。古往今来，许多事实都证明，忠诚老实的人也许一时吃亏，但最终都会让自己获得更大的实惠。就像欧阳一样，虽然暂时少得了100元钱，但是他诚实的行为却赢得了领导的认可，给了他实现自己价值的宝贵机遇。我们都有这样的感觉，就是愿意和诚实的人交往，愿意与诚实的人共事。因为诚实的人值得信赖，当然也就会赢得大家的尊重。因此，可以说诚实是一个人适应社会的“秘密武器”。

自古以来，许许多多老实人的典范流芳千古，成为人们心上的英雄，备受推崇。文学作品中，往往把他们喻为只求付出，不求索取的蜜蜂、耕牛，等等。典型的有南宋李纲的《病牛》诗：“耕犁千亩实千箱，力尽筋疲谁复伤？但得众生皆得饱，不辞羸病卧残阳。”与此相反，那些凡事不老实的人，虽然可以得意一时，但是常常被人们骂作“吸血鬼”、“害人精”等，终归不能够得意一世，即使不至于遗臭万年，也绝不可能为人们称颂。

新时期的职场人，应该把科学认识上的求真精神和做人方面的求真精神结合起来统一起来，才能无愧于时代、无愧于国家和人民，人生也才会有真正意义和价值。

常警惕多行不义必自毙

中国有句老话是“多行不义必自毙。”如果肆意践踏别人的辛苦劳动，付出的必将是惨重的代价。香港人爱说：“人在做，天在看”，话不同其实意思一样，都是要人及时行善，不要不义之财，要做有利于国家、别人和自己的事情。

春秋时期，郑国君王郑武公有两个儿子，一个称郑庄公，一个称共叔段。郑武公死后，由他的大儿子郑庄公继位。可是郑庄公的弟弟共叔段在偏爱他的母亲姜氏的支持下，竭力扩充自己的封地，积极进行夺取王位的准备工作。郑庄公的大臣祭仲知道后，力劝郑庄公，说：“君王要及早安排啊，共叔段的势力已经很强了，再这样下去，您的王位会被他篡取的！”郑庄公听了，却说：“多行不义必自毙，子姑待之。”意思是说：一个人若不仁义的事情做多了，必定会自取灭亡，你就等着吧！果真，共叔段的势力在不断扩大，将郑国的西、北部边境招于自己门下，直至廪延。同时，他在不停地修筑城池、屯田积兵，并让其母亲姜氏里应外合，攻下郑都。郑庄公早有防备，趁共叔段进军郑都时，出奇兵攻其窝穴。长久受共叔段压迫的农民们也参与战斗，使共叔段兵败，逃亡他处，而郑庄公出军追杀，最后使共叔段走投无路，被逼自杀。

这也就是说一个人如果尽做些违法违规，违反社会道德、违反做人准则的事，那么终究有一天会受到法律的制裁、道德的谴责和人们的唾弃。

常言道："人之将死其言也善。"受审时有个犯人还曾咆哮法庭，口中雷语连珠，但到了临受死刑的这一刻，他再也狂不起来，在和儿子见面的时候，反复叮嘱儿子"要好好做人，不要埋怨社会"。很明显，这是这个犯人的心里话。自古以来，即使是十恶不赦的坏蛋，在死前以害人为乐，但仍然不希望子孙后代赴其后尘。

一个人只要干了损人利己的坏事，大至高官，小至老百姓，都会得恶报的，如有的官员贪污受贿，有人贩毒，有的抢劫、杀人……可以说，最后都得到监禁、枪毙等制裁。所以，作恶多端的事情不能做，行善积德之事常做，要经常以"多行不义必自毙"来为自己敲响警钟。

一个企业要想在社会效益、经济效益上获得双丰收，就要在创造高水平的企业质量的同时，提高广大员工的职业道德素质，这也就包括积善行德这个方面。

盼建功立业莫急功近利

追求名利是人的一种本能，但急功近利却要不得。它会导致你目光短浅，只顾眼前利益而忽视长远的发展。正如古语所言：“欲速则不达。”因此，急功近利是成就大事业的绊脚石。

在如今这样一个急功近利的时代，能够静下心来，耐心地做一件事情的确不容易，但是没有任何成功可以就这样轻而易举地达到。而且，在这个细节决定命运的时代，缺乏耐心一样不会有好的结果，因为太过急躁的人，往往容易在不经意之间忽视掉许多重要的关节。

现代的企业员工一般都受过大学本科以上的高等教育，他们具备较新的知识结构、较强的学习能力，也有着强烈的竞争意识，在工作岗位上，相对于老员工众多青年员工，更能勇于尝试和挑战“新、重、难”任务，展现出了勇于创新，积极进取的良好精神风貌。但同时也暴露出心浮气躁，急功近利的思想倾向。这一点要警惕，追名逐利不为过，急功近利就要不得了。

生命十分短暂，有很多建设性的工作等待我们去进行，因此，我们不必对自己不喜欢听到的每句话语都进行反击，不必对我们不喜欢的事物一一进行评判。即便是遇到自己急于想要实现的目标，更加需要冷静，情感冲动并不表示你已经制订好了计划、有了可行的方案、能够取得想要的结果。就像完备的考虑开始好像多花一点时间，但是它会更加有利一样。

一段时间以来，学术腐败、论文抄袭等现象屡见不鲜，甚至国内某些知名高校也接连身陷“造假门”事件之中，一部分科研人员在利益的驱使下造假成风；“科技泡沫”严重，一些所谓的“科研成果”中看不中用，以至于被人讽喻为“废品”，浪费国家大量的科研资金不说，还被一些人从中捞取名利。一部分学者缺乏奉献精神，不愿吃苦耐劳，不求学问，唯求学位；不求学问，唯求官位；不求学问，唯求价位。受这些不良学风的影响，少数青年科研人员弄虚作假现象日益突出，任其发展下去后果令人担忧。

不客气地说，急功近利这种顽症有流行的趋势，并已渗透到社会上的许多领域，比如影视界的某些“恶搞”之风、演艺界的某些“脱秀”之风等，令人嗤之以鼻。一些不好的社会风气，极容易把一个人、一个部门、一个行业、一个地方引向歪路。急功近利是匿藏在人的观念深处的诟病，不仅不易被察觉，而且常以另一种面目出现。如某些急功近利之学者，不是沉下心做学问，而是满脑子尽想沽名钓誉之事。从危害的程度上说，急功近利比追名逐利有过之而无不及，其牟取的都是个人利益、部门利益、小团体利益，更有甚者将公权利益化。在形形色色的“私利”面前，有些人不择手段、见利忘义，荣辱都不分，也就见怪不怪了。

不急功近利是一种境界，更是一个人立身处世的内在要求，也是一个部门、一个行业、一个地方状态“健康”的标志。老子说：“多闻数穷，不若守于中。”意思是说，人的心灵要保持清净，而不要旁骛太多，没了章法和智慧。对一个人而言，不急功近利最主要是应具有静心的境界，淡泊名利，慎独谨行。为官者静心了，就会更加珍视和用好手中的权力，更加奉守道德和法律，拒贪污受贿于千里之外；学者静心了，就会更加心无旁骛、潜心做学问，宁可“呆”一些，“穷”一些，也不去做抄袭剽窃他人研究成果等丑事；文艺家静心了，就不会心浮气躁，粗制滥造胡编乱写，就不至于变成文化垃圾的生产者。

一个远离乃至摒弃了急功近利的人，才有可能是一个纯净的人；一个远离乃至摒弃了急功近利的社会，才有可能是一个纯净的社会。这也是我们所追求的和谐社会的目标要求。

现代企业是我国现阶段经济建设的主体，主导着国民经济的发展，其员工尤其是青年员工是保障社会主义经济建设顺利进行的主力军，教育他们摒弃急功近利的思想意义非凡。

君子爱财更要取之有道

正当的利正当得，君子爱财取之有道。符合道义的利才能长久。不顾公义，不择手段追逐私利，只会自食恶果。要防止得小利失大利，得眼前利失长远利，得表面利失根本利。

现在有些人崇尚先进精神但更追求物质利益，因为先进就意味着比别人多劳动多付出，意味着先人后己。他们更注重的是如何考虑和实现自我价值，也就是如何才能做一个“成功人士”。而对集体、组织的公共利益却考虑的甚少，甚至视之为累赘。这是非常可怕的事情。

“天下熙熙，皆为利来，天下攘攘，皆为利往。”对于人们来说，金钱的威力是巨大的，金钱可以买到可口的饭食，可以买到华丽的服饰，可以享受舒适的服务，可以买到很多想得到的东西。可以说，没有钱是万万不能的。在市场经济条件下，一个人如果身无分文，将不得不面临寸步难行、无法生存的境地。所以，从某种程度上说，拥有金钱的多少就体现了个人的人生价值。“人穷志短”、“一分钱难倒英雄汉”，对金钱的渴望成了情势所迫，人们无可奈何。

金钱虽然是人享受幸福生活的条件，但不是幸福生活的全部。家有金山银山，不过一日三餐，房子再大，晚上睡觉不过一张床，衣服再豪华，其作用也不过是遮丑避寒。其实，我们的需要极其有限。往往实现阶段性目标时做了与实现最终目标背道而驰的事，让手段掩盖了自己的目的。

朱熹曾经说过：“利者，义之和。”利与义是统一的，是不可分割的有机整体。由于符合道义，所以人们才能获得长久的利；由于存在着利益，所以人们才能做更多符合道义的事。把利与义相互结合，我们的社会才会更和谐，我们的国家才能长治久安。

“非典”期间，板蓝根一下子成为了抢手药，供不应求。不少企业从眼前利益出发，不顾大义，大肆涨价赚钱。

面对这种情况，石家庄神威药业却毫不犹豫地选择降价，并千方百计地扩大生产，平稳市场上的药价。作为商业性质的企业，神威药业固然重视利益，但从长远看，放弃眼前的小利而选择大义，更能赢得长久的信誉。

果然，“非典”过后，神威药业销售业绩一片大好。由此看来，符合道义的利才能长久。神威药业就是将义与利巧妙地结合，既不违背义，又获得了利。利与义的相互结合造就了一个企业的辉煌业绩。

《白鹿原》中有一句话“房是招牌地是累，攒下金钱是催命鬼。”确实是这样的。金钱并不能带来幸福，金钱也不能买了健康和寿命。所以，过分地追求金钱是划不来的，尤其是违反党纪国法的谋钱方式更不可取。我们的自由和亲情是无法用金钱来衡量的。从文强在被执行死刑前的对常人生活方式的羡慕中，可以得到启迪，他向往常人子孙满堂的幸福，羡慕常人活到自然死亡的生活。幡然悔悟，但为时已晚，所以“君子爱财”，还要“取之有道”。

作为现代职场人，每一个员工无论做什么都要首先想到自己的身份，做到真正的君子爱财取之有道。

伪君子见利忘义人人恨

孔子说：“见利思义，义然后取。”就是说要用道德原则来统率自己的行为，财富该取的才取。孔子认为“义”重于“利”，在义和利发生相互冲突，强调义重于利，精神价值高于物质价值，重视道德境界的追求，重视人格尊严和气节。

“积善之家，必有余庆；积不善之家，必有余殃。”我们为善加福于人，我们自然还得其福；我们为恶加害于人，我们自然还得其祸。一个人的嗜欲深则天机浅，物欲少则心智明，一个人如果“财迷心窍”则会“利令智昏”。一个企业也是如此，那么企业员工更不能见利忘义。

从“毒奶粉”到“配方门”事件，一次次冲击着人们的听觉和视觉，企业的社会责任与商业道德遭遇空前质疑。

一个企业，在具有了品牌影响力之后，难道就会为了更大的商业利益把自己的道德抛之脑后了吗？有人说，企业家跟商人的最大的区别在于商人是唯利是图，而企业家在唯利的同时更需要承担更多的社会责任与商业道德。

一个有道德的企业，应该把企业成员过分注重功利的道德心态引导到崇德尚义、见利思义的道德价值轨道上来。在社会主义市场经济条件下，企业要谨遵仁义之德，要先人后己，先公后私，先利顾客，后自己获利。“不义之财不可得”，更不能见利忘义，唯利是图。

企业的品牌不是靠金钱包装出来的，而是和所有利益相关者在互动的过程中自然形成的。中国传统文化讲“穷则独善其身，达则兼济天下”，企业社会责任就是企业公民和它所有的利益相关者之间的关系，它远远超出了关注困难群体、捐钱捐物等慈善行为。

社会的发展需要有道德的企业，需要真的、善的企业，需要对社会文明及道德水平有推动作用的企业！更需要有道德的人，去缔造有道德的企业，这才是我们社会发展的根本前提。见利忘义的企业和见利忘义的伪君子都是可耻的，也是为人民所不屑的。

现代职场人必须时刻注意这一点，严防自己变成一个见利忘义的伪君子。

义是朋友间无价的情谊

有谁知道情义无价？有谁知道需要付出多少代价？不管是风雨还是晴天，不管是千山还是万水，只要心中有那么一个人，值得你去付出、去追求，哪怕是一生的代价去换取一个真正的朋友、一段真正的友谊，也是值得的。

朋友之间帮助对方渡过难关、战胜困难，要比赠送名贵礼品有用得多，也牢靠得多。既为朋友，就意味着相互承担着排忧解难、欢乐与共的义务，友谊才能持久常存。现代企业的员工要学会正确处理和朋友之间的关系，做亲密无间的朋友。

马克思和恩格斯的友谊是人类友谊的典范。从1842年马克思和恩格斯第一次见面起，40年里，他们在领导国际共产主义运动的伟大斗争中，团结作战，患难与共，建立了真挚的友谊。

1863年1月7日，恩格斯的妻子玛丽·白恩士患心脏病突然去世。恩格斯以十分悲痛的心情将这件事写信告诉马克思。信中说：“我无法向你说出我现在的心情，这个可怜的姑娘是以她的整个心灵爱着我的。”第二天，1月8日，马克思在伦敦给在曼彻斯特的恩格斯写回信。信中对玛丽去世的噩耗只说了一句平淡的慰问的话，却不合时宜地诉说了一大堆自己的困境：肉商、面包商即将停止赊账给他，房租和孩子的学费又逼得他喘不过气来，孩子上街没有鞋子和衣服，“一句话，魔鬼找上门了……”

生活的困境折磨着马克思，使他忘却了、忽略了对朋友不幸的关切。正在极度悲痛中的恩格斯，收到这封信，不禁有点生气了。从前，两位挚友之间常常隔一两天就通信一次，这次，一直隔了5天即1月13日，恩格斯才给马克思复信，并在信中毫不掩饰地说："自然明白，这次我自己的不幸和你对此冷冰冰的态度，使我完全不可能早些给你回信。我的一切朋友，包括相识的庸人在内，在这种使我极其悲痛的时刻对我表示的同情和友谊，都超出了我的预料。而你却认为这个时刻正是表现你冷静的思维方式的大好时机。那就听便吧！"

波折既已发生，友谊经历着考验。这时，马克思并没有为自己辩护，而是作了认真的自我批评。10天以后，当双方都平静下来的时候，马克思写信给恩格斯说："从我这方面说，给你写那封信是个大错，信一发出我就后悔了。然而这绝不是出于冷酷无情。我的妻子和孩子们都可以作证：我收到你的那封信（清晨寄到的）时极其震惊，就像我最亲近的一个人去世一样。而到晚上给你写信的时候，则是处于完全绝望的状态之中。在我家里对着房东打发来的评价员，收到了肉商的拒付期票，家里没有煤和食品，小燕妮卧病在床……"

出于对朋友的了解和信赖，收到这封信后，恩格斯立即谅解了马克思。1月26日，他给马克思的信中说："对你的坦率，我表示感谢。你自己也明白，前次的来信给我造成了怎样的印象……我接到你的信时，她还没有下葬。应该告诉你这封信在整整1个星期里始终在我的脑际盘旋，没法把它忘掉。不过不要紧，你最近的这封信已经把前一封信所留下的印象消除了，而且我感到高兴的是，我没有在失去玛丽的同时再失去自己最老的和最好的朋友。"随信还寄去一张100英镑的期票，以帮助马克思度过困境。

互相的惦念、互相的牵挂与互相的爱护便是人世间最难得的情感抚慰，是朋友之间最难割舍的真情。好友之间所以能长期共存，正是因为有了这种心灵间的相互依存与默契，只有这样，孤独的人生才变得丰富而深刻。能够拥有一位至交，便拥有了一生的情感需求，好友如衣食，如日月，如自己的影子，最最孤独时，无论相隔千里万里，好友都会如期而至，那时即便是默默相对，不说一句话，也能感受雨露的滋润，心静如镜，心境如云。

勇做舍利取义的真君子

古人云："君子喻于义，小人喻于利。"意思是能不为利所动，能够见利而先思义，便是君子；见利而忘义，抛弃人生原则，便是小人。由此看来，舍义取利是绝对不可取的，舍利取义才是真君子。

什么是义？所谓义就是指思想和行为符合一定的道德原则。什么是利益？所谓利益，即利益、功利主要指物质利益。义气与利益的问题，实际上就是道德原则和物质利益的关系问题。在利和义的问题上，现代企业的员工理应做行业的表率，能够做到舍利取义。古时候人们就非常讲究舍利取义，更何况现代企业中的青年员工呢？

春秋时期，鲁国制定了一道法律，如果鲁国人在外国看见同胞被卖为奴婢，只要他们肯出钱把人赎回来，那么回到鲁国后，国家就会给他们以赔偿和奖励。这道法律执行了很多年，很多流落他乡的鲁国人因此得救，得以重返故国。

孔子有弟子叫子贡，他从外国赎回来了很多鲁国人却拒绝要国家的补偿。孔子知道后大骂子贡，说他此举伤天害理，祸害了无数落难的鲁国同胞。

孔子说："世上万事，不过义、利二字而已，鲁国的法律，所求的不过是人们心中的一个'义'字，只要大家看见落难的同胞时能生出恻隐之心，只要他肯不怕麻烦去赎这个人，把同胞带回国，那他就可以完成一件善举。事后国家会给他补偿和奖励，让这个行善举的人不会受到损失，而且得到大家的赞扬，长此以往，愿意做善事的人就会越来越多。而子贡的所作所为，固然让他为自己赢得了更高的赞扬，但是同时也拔高了大家对‘义’的要求。往后那些赎人之后去向国家要钱的人，不但可能再也得不到大家的称赞，甚至可能会被国人嘲笑，责问他们为什么不能像子贡一样为国分忧。子贡此举是把‘义’和‘利’对立起来了，所以不但不是善事，反倒是最为可恶的恶行。”

孔子骂子贡是对还是错呢？孔子深谙世态人情，而子贡则是不懂世态人情，为了所谓的“为国分忧大义”而得罪了所有的国人，因此作为老师，孔子教训得非常对，很符合儒家中庸的处事原则。

而如今的社会，食品安全问题层出不穷，原因何在？染色馒头、毒奶粉、毒血旺、假鸡蛋等事件屡屡发生，其背后都是不法企业为降低成本谋取最大利益在捣鬼。他们舍弃了对百姓的义，以种种缺德的方式来谋求钱财，如是便导致了此类事件层出不穷、屡禁不止。再看电子产品，有些售后服务真是骇人听闻！一旦产品出现质量问题，各个企业便“踢皮球”般地将责任踢来踢去。厂家与销售部门相互推诿，顾客只能两头奔波两头落空。这样的企业不正是舍义取利的十足奸商吗？

与小人相反的是君子，孔夫子又说：“君子义以为质，礼以行之，孙以出之，信以成之。君子哉！”也就是说，君子把义作为根本，按照礼义来实践它，用谦虚的态度谈论它，靠诚信来成全它。这才是君子。

利是低层次的物质追求，是浮华与烟云，只会扯人后腿。义则是高层次的道德标杆，助人不断进步。君子重义，并不是说君子就不要利，而是取之有道，是将利看得比义轻罢了。君子为众人所仰，有时利会自己找上门来。义者会衡量“利”与“义”之后而取舍，伪义者与利者则来者不拒。大凡能够舍利取义的人才是真君子，现代职场人，难道不应该积极争取让自己成为这样的人吗？

第六章
礼学：注重礼仪，尊重他人

礼是我们为人的根本特征之一，是一种具体的行为，体现在待人接物上，是与同事相处时的文明举止，是对他人的尊重和友善。无论在什么年代和环境，礼都受人敬仰。在工作中以及和同事的相处中，假如一个人只懂得礼貌的形式，而没有谦让之心，便不会真正受人喜欢和爱戴，事业上也会受到一定的影响。

礼乃传统道德规范之首

礼在人们日常工作与生活中起着改善人际关系、促进社会和谐发展的重要作用，古人尚且能认识到“道德仁义，非礼不成”，而现代国人却普遍无视礼、忽视礼。殊不知，礼是中国传统道德规范之首。

礼，源于中国古人“天人合一”的思想，是古人仰观俯察、取法自然所形成理念的实际应用。古人从自然界看到、领悟到：天在上，地在下，天尊地卑，分工不同，天地有别；天的昼夜运行刚健不息，地的胸怀包容滋养万物，品性不同，德行有别；天地按各自的德性运转不息，人在天地之间，顶天立地，自然应该效法这种自然规律，尊敬自然品性，兼具天与地的品德，才能立于不败之地。于是，古代圣人便总结出男女有别、长幼有序的人伦精神，进而引申出尊老爱幼、父慈子孝等人伦规则。

当“礼崩乐坏”成为我们这个时代的主流人伦特色时，我们发现，一切都乱了，一切本该有的人伦秩序被打破了。由于伦理道德教育的丧失，我们的孩子成为家里的大王，言语上随意顶撞父母，就餐时只顾自己，生活上自私自利，随性妄为；由于伦理道德的缺失，我们在工作中与同事相处不知谦让，不能以礼相待，年轻的不知尊敬年长的，为了一个职位而争破头，打破脸；由于伦理道德的沦丧，我们看到老人上车，年轻人不给让座，车辆行驶争先恐后，车车不相让，车不让人，人不让车，大家都喜爱以自我为中心，从一己之利出发。于是，一系列的家庭、工作与社会问题随之出现，各种矛盾层出不穷，严重影响了社会的正常秩序。我们在物质生活极大丰富的同时，却距离和谐社会的目标越来越远。

发自内心的礼，让受礼者如沐春风、如饮甘霖，心情格外轻松舒畅甚至感激涕零，能够激发人对于生命的高度崇敬，直接的效果就是润滑人际关系，改善交往气氛，促进事业发展，增进社会和谐幸福。

孟子曰："君子所以异于人者，以其存心也。君子以仁存心，以礼存心。仁者爱人，有礼者敬人。爱人者，人恒爱之；敬人者，人恒敬之。"

礼绝不是形式上、表现上一句简单的问候或一个90度鞠躬的生硬动作。现代商业礼仪主要是为了达到公司赚钱盈利的目的，因而变成生财致富的辅助工具，由此，礼变成了表面上的躯体动作。比如我们参加一些企业活动，常常会发现服务人员对客人行礼时，嘴上说着"您好！欢迎光临"，但面无表情，眼睛也不注视客人，让人感觉很不舒服。如此之礼，歪曲了礼本有的出发点，玷污了古人关于礼的精神，让受礼之人如同嚼蜡，心中不是滋味。

礼生于德，无德之礼如无本之木。礼乃传统道德规范之首，故礼乃德之所聚，修德方能知礼。礼是传统道德内在品质的集中外现，要做到礼，必须修炼传统道德等人性品质，现代企业员工更应该如此。

做有礼人先说文明语言

明礼仪之风传承至今，因此我国素以“文明古国”、“礼仪之邦”著称于世。我国劳动人民历来重视道德修养和文明礼貌，具有悠久的传统美德。而要做一个素质高、有教养的现代文明人，要先从文明用语开始。

现代企业礼仪往往形成于传统与习俗，体现企业的经营理念。它赋予企业浓厚的人情味，对培育企业精神和塑造企业形象起着潜移默化的作用。现代企业的员工要带头遵守基本的礼仪规范。

礼仪是人们在频繁交往中彼此表示尊重与友好的道德规范。礼貌用语则是尊重他人的具体表现，是友好关系的敲门砖。在日常生活中，尤其在社交场合中，礼貌用语十分重要，“请、谢谢、对不起、您好”是人们在日常生活中最常用的礼貌用语。多说客气话不仅表示尊重别人，而且能体现出自己的修养。多用礼貌用语，不仅有利于形成融洽的气氛，而且有益于交际。

语言能体现一个人的文明素质和修养，一个人的语言文明，不仅展示了他深厚的文化功底，更体现了他高尚的品德素养。所谓“良言一句三冬暖，恶语伤人六月寒”，正是文明礼貌用语在日常生活中重要作用的写照。一个高尚、受欢迎的人，就要使用优美的语言，讲话力求文雅谦逊，不说脏话、粗话。同时，还要注意讲话的场合，注意态度真诚，语气符合礼仪。日常工作生活中，要时刻注意以下几点。

“请”字开路。当需要别人帮忙时，总是“请”字开路。当要从人群中穿过时，要说“请让开一下”；在饭店，顾客要对服务员说：“请给我一杯咖啡”或“请给我来一份牛肉面”；服务员要对顾客说：“请稍等”，“请买单”。总之，不管何时何地，也不管何人何事，只要你需要别人帮忙时，就必须先说：“请”。

“谢谢”压阵。凡为你服务、做事和帮忙，无论对你的帮助是大是小，都要说声：“谢谢”。当顾客买到称心如意的东西时要说声“谢谢”；售货员对付了款的顾客要说声“谢谢”；服务员为就餐者送来一杯咖啡时，就餐者要说“谢谢”；在学校，学生回答问题后，老师要说“谢谢”；在街上，向人问路后要说“谢谢”；到亲友家做客，当主人端来咖啡或茶时，要说“谢谢”；甚至家庭成员之间，包括长辈请求晚辈帮个忙，同样也要说“谢谢”。当人们称谢时，接受者也要用“不用谢”、“别客气”、“没关系”、“这个算不了什么”、“乐意效劳”等礼貌用语回敬，以示尊重对方。

“对不起”不离口。无论何时何地何事打扰别人，都必须说声“对不起”。在公共汽车上，不小心踩了别人的脚，要说“对不起”；在离开宴会时要说“对不起”；约会时迟到了要说“对不起”；当一方说“对不起”时，另一方也应用“没关系”之类的礼貌用语来应答，以示相互尊重、相互谅解。

“上午好”、“下午好”、“晚上好”、“晚安”这类的问候语天天说。在欧美国家，这一类的问候语人人说、天天说、处处说。新知故友在街上相遇时，要相互打招呼；同事之间每天在办公室见面时要相互问候；同学之间在学校碰面时要相互问候一声；左邻右舍在电梯或楼梯上相逢时要互相打一声招呼；甚至家庭成员在早晨见面和上床睡觉前都相互问一声好，道一声晚安。

讲究礼貌用语，不仅让自己受益，同样会温暖他人。一声“你好”给别人带去一天的好心情，一句“谢谢”拉近了人们之间的距离，一声“对不起”化解了剑拔弩张的冲突，一个“不要紧”给人吹去阵阵温润的春风……

有位哲学家说过：“文明礼貌是一个人心灵美好程度的反映。”让我们都行动起来，让“请、您好、谢谢、对不起、没关系、再见”成为我们的日常用语。让每一个人都用友好、诚恳的态度待人，用热情、大方的举止处事，给他人带来愉快和谐，让社会充满爱的温馨，文明礼貌之花会在我们共有的精神家园竞相绽放！

自我约束是知礼的前提

国有国法，家有家规。没有规矩不成方圆。每个人也应有自己的立世法则。学会自我约束、自我“立法”是每个人的必修课，也是做一个知礼人的前提。

一个人学会了自我约束，思想境界就会高一分，道德水平就会长一分，就会脚踏实地，从点滴做起，做一个有益于社会的人。自我约束是对个性过分张扬的抑制，是对自己言行的约束。每个人因脾气性格、教育程度、社会经历和自我修养的不同，在现实生活中自我约束的能力也就不同。现代企业的员工要想方设法提高自我约束的能力。

自我约束是由情绪自控能力所决定的。情绪是个人受到某种刺激后所产生的一种自然的心理反应状态，它除了喜、怒、哀、乐外，还有怀疑、不满、失望、压抑、焦虑、好奇等状态。不同的遗传导致不同的性格，情绪反应随性格的变化而变化。

2012年10月7日，广州地铁4号线爆发了一场令人痛心的抢座战。涉事双方分别为一名年约七旬的老伯和一名20多岁的男青年。扭打中，青年最终不敌，被老伯咬伤耳朵。据悉，老伯原是天河区红会的工作人员，现已退休，男青年则是一名中学老师。

同车乘客将这一血腥场景拍下发至微博，事件迅速传开。市民纷纷表示震惊与痛心。这一事件让公众再一次将眼光对准了公共交通让座问题、尊老爱幼道德问题。我们都知道文明礼让是平安出行的保障，暴力只会让事情变糟。在日常生活中，要学会控制自己的情绪和行为，多一分礼让，退一步海阔天空。

自控能力是人们在日常生活和工作中，控制情绪和约束自己言行的一种能力。自控能力强的人，善于运用这种内在的心理功能，自觉地进行自我调控，主动排除外部的干扰，使主观协调于客观，能采取合理的行为方式去追求良好的理想效果。而自控能力不强的人往往任性而动，不懂得也不努力控制自己的行为，或者虽有自我控制的动机，但不付诸行动。

学会自我约束，使自己的言行在法律和道德的约束下，需要坚定的意志。要克服消极、逃避、随意等缺点，说话办事做到三思而行，从长远考虑。要多想想言行是否为法律所允许，是否符合道德标准和生活准则，是否会伤害他人，是否会给社会、他人和自己带来难以预料的后果。

自我约束能力多是后天培养的，关键要讲究培养的方法。只要时刻反省自己，注意别人的提醒，接受他人的批评，习惯成自然，自然就会做得更加完美。一个人，想要征服世界，首先要做的就是要战胜自己。哪怕是对自己的一点儿小小的约束，也会使人变得强大而有力。在日常生活和学习中，应该有意识地培养自律精神。比如，针对你自身性格的某一弱点或不良习惯，限定一个时间的期限，集中纠正。对自己严格一点儿，时间长了，自律就会成为一种习惯、一种生活方式，你的人格和智慧也会因此而更趋于完美。

自律是在行动中形成的，也只能在行动中体现，除此之外，再没有别的途径。不停地自我检讨就能成为一个自律的人吗？答案是否定的。自律的养成是一个漫长的过程，不是一朝一夕的事情。因此，要学会自律，首先就得勇敢面对来自各方面的挑战，不要轻易地放纵自己，哪怕它只是一件微不足道的事情。正如“不以善小而不为，不以恶小而为之”，只要有恒心，学会自我约束，成功就会离你更近一步。

习惯于放纵自我的人，总是喜欢找各种借口，去纵容自己、游戏生活，最终也会被生活游戏而一事无成。善于自律的人，具有较强的自我约束能力，严格要求自己，能严谨地对待生活，及时改正错误。不轻易放纵自己，让自己趋近于完美，这样，生活自然也会回馈他丰厚的奖赏。

以诚相待是最大的礼节

真诚是人与人之间沟通的桥梁，只有以诚相待，才能使交往双方建立信任，如果能做到以真诚去对待他人，他人亦必定会以真诚回报你，即“你敬我一尺，我敬你一丈”。人之相交贵在知心。要做到知心，那就要求交往双方必须都能以真心诚意的交友态度来结交对方，不能以怀疑的眼光来看待对方，这也是懂礼的基础。

俗话说：“路遥知马力，日久见人心。”对于一个真诚的人而言，生活是不需技巧的。你帮助了他人，他人才会感受到真正的温馨；倘若你怀着某种不可告人的目的与人相处，虽然能得逞一时，但有朝一日被对方戳穿时，最终失掉的将是人心。常言说：人和人相遇靠的是一点缘分，人和人相处靠的是一份诚意。如果连基本的诚意都没有何谈礼节呢？

一名营业员致电客户要求其缴清本月电费，客户便问为何房子没人住还会产生电费，该营业员也耐心帮客户查明原因，在原因查明后，客户也表示下午会前往营业厅缴清电费，但因为当天下午两点三十分要电费结零，所以该营业员就很生硬地说了一句：“你两点前一定要缴清电费。”该客户很不满就打电话对该营业员进行投诉。如果营业员当时客气地说“先生，不好意思，由于公司规定今日下午两点三十分电费要结零，你能否两点前缴清电费。”客户就必然不会投诉。由此可见沟通的重要性，所以我们每一位员工都要学会沟通。学会用一颗真诚的心对待客户，才能赢得客户的好评。

随着市场经济的发展，优质服务已成为各个企业改革、发展和生存的必要条件，对待每一位客户都要以诚相待、用心沟通。为加强服务品牌建设、提升公众满意度及品牌美誉度注入自己的一份力量。

古话说得好："禽择良木而栖居。"员工也如此，哪里真心对员工好，员工就往哪里走。人非草木，焉能无情？如果领导平时对员工不错，在正需用人之时，员工哪会忍心离开？

马云有一次到一个朋友的公司里面去，发现中午的时候公司员工都在午休，他觉得这个老总还是很关心职工健康的。谁知道这个老总笑着说："我哪里是关心他们呀，我这是为了省电，所以就骗他们，让他们中午强制休息两个小时，可以节约不少电费呢！"

当时，马云就觉得这家公司活不了多长时间。如果这点小事都不能够对员工讲明，像对待贼一样地防着员工，员工又怎么能够为公司全力以赴呢？果不其然，这家公司很快就倒闭了。

马云特别强调对待员工要以诚相待。在1995、1996年的时候，那时的马云还在做中国黄页。有一次由于资金紧张，离发工资的时间只有3天时间了，公司账户里却只有2000多块钱，而工资就要发8000多块钱。

马云没有隐瞒这种情况，用真诚的态度赢得了员工的理解。员工告诉马云："没关系，就是两个月不拿工资也跟你干下去。"

马云对员工真诚相待，最明显的例子就是在收购雅虎的时候。面对雅虎员工对自己的不信任，马云依然真诚相待，他给予雅虎员工"N+1计划"，并且用股权真心地挽留员工。结果，只有4%的员工选择了离开，大部分员工都为马云及阿里巴巴的诚意所打动，选择了留下。

当雅虎员工到杭州的时候，马云更是用一颗真诚的心热情地接待他们，甚至细致到连雅虎员工的早餐问题，都进行了认真的讨论和精心的准备。考虑到雅虎员工的生活习惯，马云采用了“中西合璧”的早餐：当满载雅虎员工的专列到达杭州的时候，每一位雅虎的员工都收到了一个小袋子，里面装着两个热包子、一瓶牛奶以及餐巾纸。考虑到这些人长途奔波，洗漱不方便，小纸袋里甚至还有一盒口香糖！一顿早餐就让雅虎员工心里暖暖的。马云对于雅虎员工的真诚关怀由此可见一斑。

马云的真诚也赢得了员工的称赞。一位阿里巴巴的员工这样评价马云：“我感觉他本质非常好，非常善良，比较照顾周围的人，而且不是应付也不是应酬，而是发自内心的关心。他把我们当做真正的朋友，他付出从来不讲回报，他平等待人，而且处事很公正。很多事情我们觉得困难，可是他却说，你看我们还有那么多希望，跟他工作很高兴。”正是由于马云对待员工很真诚，所以员工也用积极的工作回报马云。阿里巴巴的团队是一个富有战斗力的团队，应该说与此有很大的关系。

无论何时，以诚相待都是懂礼的基础，也是最大的礼节，在这一点上，现代企业的员工应该多向马云学习。

既要尊重他人也要自尊

人绝不能看轻自己，但也别太看重自己。面子是别人给的，脸是自己丢的，要学会自尊。一个从没有嫉妒过别人的人是缺乏上进心的平庸之徒；一个从来没有被别人嫉妒过的人是一个碌碌无为的无能之辈。人应痛苦地清醒着，而不应麻木地快乐着。你可以“厚颜”但不能“无耻”。

任何人都有自尊和被人尊重的需要。如果你不能满足他人的这种最基本、最简单的需要，那么别人肯定不愿意与你相处。有句古语说得好：“君子敬而无失，与人恭而有礼。”只有尊敬别人才能换来别人对你的尊敬，只有互相尊敬才能互相受益。

不论地位尊卑、财富多寡、文化高低、体貌美丑、衣着贵贱、职务高低，人的自尊都是神圣不可侵犯的，这是人的核心价值的体现。一个人应该拥有自己的自尊，应该用心去维护自己的自尊。

朱自清是清华大学中文系的教授。1948年初，人民解放战争进入最后阶段。6月，北平学生掀起了反对美帝国主义的运动。此时，朱自清身患重病，又无钱医治，但他毫不犹豫地在写着“为表示中国人民的尊严和气节，我们断然拒绝美国具有收买灵魂性质的一切施舍物资，无论是购买的或给予的”宣言上签了自己的名字。8月初，朱自清病情加重，入院治疗无效，12日逝世，年仅50岁。临终前，朱自清以微弱的声音叮嘱家人：“有件事要记住，我是在拒绝美国面粉的文件上签过名的，我们家以后不买国民党配给的美国面粉！”

一个人的一生可以没有荣誉和鲜花，但不能没有自尊。不管别人尊不尊重你，首先你自己一定要尊重自己。只有自尊的人才懂得尊重别人，也才会受到别人的尊重。自尊是一个人的脊梁，自尊是一种无畏的气概，自尊是一个人必须具备的操守。自尊给人的生命提供的不只是一种依托、一种凭借、一种支撑，还是生命永远的能量、永远的精神动力。

1931年，吉鸿昌将军被蒋介石逼迫下野，到国外考察实业。船到美国，吉鸿昌就接二连三地遭到意想不到的刺激，那里的头等旅馆居然不接待中国人，而对日本人却奉若神明。有一次，吉鸿昌要往国内邮寄衣物，邮局职员竟说不知道中国。陪同的人对吉鸿昌说：“你说自己是日本人，就可受到礼遇。”吉鸿昌当即怒斥：“你觉得当中国人丢脸，我觉得当中国人光荣！”为抗议帝国主义者对中国人的歧视，维护民族尊严，他找来一块木牌，用英文在上面写上：“我是中国人！”

自尊是人的一种生存态度，它犹如一泓清纯的山泉，不管你什么时候碰到，自尊给你的印象总是那样洁净，透明，晶莹；自尊又有如一根钢筋，无论铆焊到何处，都是那么从容自若、铁骨铮铮。

刘翔刚进田径队的时候，由于没有很好地掌握跨栏的技术，跨栏动作歪歪斜斜、停停顿顿，比赛时连决赛都进入不了，外国运动员看不起他，说他天生不是跨栏的料儿，刘翔很不服气。后来经过努力，成绩逐步提高，在一系列大赛中崭露头角，特别是在2004年雅典奥运会上，他以12秒91的成绩获得奥运会冠军，2012年7月12日又以12秒88的成绩破世界纪录，让世界震惊，赢得了全世界的尊重。

人的自尊其实是一种内涵丰富的修养。有自尊的人从不趋炎附势、卑躬屈膝，不会为尘嚣所乱心、不会为诱惑而动摇、不会为权贵所折腰。

拥有自尊、时刻维护自尊的人做人的原则是：富贵不能淫，贫贱不能移，威武不能屈，是基本的人格；真诚正义，善解人意，助人为乐，是为人处世的前提；诚实守信，与人为善，是与人交往的准则。

把握好与人交往的分寸

距离产生美，这句话不仅仅适用于爱人之间，同事之间也适用这样的规则。有人把人际交往的距离准则称为“刺猬理论”，这是一个很简单的道理，特别是在同事之间，因为理念、文化、性格等各个方面的差异，必然就会造成亲疏之分。

每个人都愿意和自己情投意合的人相处，在一个集体共处的时候，不要把这种私人的亲密关系放大，你喜欢和这个人说话，就有意无意地疏远了另外一个人，这样就会造成另外一个人的不快。所以，和每个人之间的关系、距离都要有一个度，有一个恰当的距离，当然，如果私下里，或者是独处的时候，就完全可以和自己比较谈得来的朋友交往，也要切记把握分寸。

所谓的趣味相投，就是有共同的爱好、兴趣才能让人走到一起。所以如果同事之间交往过近过密，有时相互个性差异会发生碰撞，反而会损害彼此间的关系。再则，同事之间虽是事业的合作者，但又是利益的竞争者。在名和利面前，往往就会有摩擦。所以，同事相处，既要密切配合，又要保持适当的距离。

同事关系好，本是好事。大家都来自不同的地方，为了一个共同的目标走到一起来，心往一处想、劲往一处使，团结互助当然是好的，但是切忌同事之间过分亲密。就和交通事故的发生一样，虽然交通事故的发生有多种原因，但因超速驾驶看不清对方车道而产生的摩擦事故最多。要避免撞车，就要注意车距。同事关系中也一样，与他人保持距离是很重要的。

爱人者，人恒爱之；敬人者，人恒敬之。任何人都不会无缘无故地接纳我们、喜欢我们。别人喜欢我们往往是建立在我们喜欢他们、承认他们的价值的前提下的。我们在交往中总是在交换着某些东西：或者是物质，或者是情感，或者是其他，但其中应该注意的是要不怕吃亏、不要急于获得回报。

小李开始走入社会的时候，就犯了这样的错误，盲目地认为每个人都是好的，都是可以近距离交往的。

当时，她要去的那个部门办公室还没有做好人事安排，所以暂时把她安排在综合办公室里。公司里的其他员工都不主动和她在一起，甚至是吃饭也不搭理她，她觉得很孤单，而且刚刚走出大学校门，不知道怎么样和同事相处。综合办公室里有位大姐倒是非常热情，对小李嘘寒问暖，让小李感觉到温暖，而且小李平时和人交往时就不设防，认为每个人都很好，没有坏心眼。所以，对于大姐的热心帮助，她也觉得很感激，就这样拉近了她们之间的距离。

没过几天，大姐就劝说小李去跑一个直销，这时候，小李才意识到大姐这么和她套近乎是想要让她做直销，小李对直销没有兴趣，多次委婉地拒绝了大姐。但是，大姐通过一些平时的言语和交谈，得知了小李很多私事和她的想法，而这位大姐恰恰和公司副经理走得很近，有意无意地就把小李的一些情况告诉了领导。因为小李平时说话不注意，什么话都和那位大姐说，造成了领导对她的印象特别不好。后来，通过这次的工作经验，她学到了很多在工作中和同事相处的知识，那就是要保持合适的距离，距离产生美。

和同事保持合适的距离是很必要的，这样能给自己省去很多的烦恼，不会因为你和什么人走得过近或过远给你造成一些不必要的麻烦。工作就是工作，不要因为私人感情疏远你的同事，也不要只亲近部分同事，在团体内部造成一种小团体，这样的结果就是把自己套进了自己设的圈里。

每个企业都就是一个小社会，人际关系处理的好坏直接影响自己的工作，这一点要尤为注意。

幸福生活源于社会公德

公共道德是社会意识的一种体现，而公共道德又建立在个人的道德修养水平之上。社会公共道德的内涵是什么：文明礼貌、保护环境、遵纪守法，等等。它涵盖了人与人、人与社会、人与自然之间的关系。它的主要作用，一是追求个人道德完善，二是维护公众利益、公共秩序。遵守社会公德是我们义不容辞的责任。

社会公德作为人类社会生活中最起码、最简单的行为准则，是和广大人民群众的切身利益密切相关的，是适应社会和人的需要而产生的，它对人们的社会生活具有特殊且广泛的社会作用。每个社会成员都应该自觉遵守社会公德，现代企业的员工也不例外。

2012年国庆黄金周期间，三亚又成舆论关注焦点。不同的是，这一次不再是因为“天价宰客”风波，而是“海滩变身垃圾场”的尴尬。中秋夜过后，三亚大东海景区3公里海滩遍布50吨生活垃圾，三亚市河东环卫局、大东海管理公司等单位出动600余人、耗费两个多小时才清理完毕。消息一发便招来一片骂声，直指国民素质差。

三亚遭此大劫的现象不得不引发我们对国民在遵守社会公德方面的思考。游客自己产生的垃圾自己带走，这是最普遍也是最环保的做法，频频出现“旅游劫”现象，最主要的还是公民环保素质不够高，此外还涉及制度建设跟不上的问题。像在新加坡，街上是不能随便扔垃圾的，因为会受到法律的制裁，而居民也会自觉地不扔。游客整体素质不高是一个社会问题，需要全社会共同努力，提高公众的意识。

我们明确自己的行为准则，有必要强调社会公德。让大家明白社会公德里规定哪些事情是不可以做的。比如，不要在公共场所抽烟、随地吐痰；不要在安静的地方大声说话；不要说脏话、骂人；不要在公共场所大小便；不要折花踏草、破坏公物；不要在公共设施上乱涂乱画……明白哪些事是社会公德里规定应该做的，比如，在公交车上给老、弱、病、残、孕让座；见义勇为抓小偷，制止暴力；拾金不昧、帮难助困，等等。

一个外国人在中国看到“禁止踏入草坪”、“禁止随地吐痰”的标语，她奇怪地说：“这也要禁止啊？这在我们国家，都是人人知道的事情。”可想而知，我们在维护、弘扬社会公德中更要下工夫。我们要营造良好的社会氛围，要不断丰富舆论监督的手段，特别要增强对违反社会公德行为的批评力度，通过“众口铄金”的鞭笞，给他们以无地自容的“惩罚”。有人认为，可以对不让座的学生和年轻人给予批评教育，更有人提出，教育者应该对自己的教育方式进行自查自纠，严重的还应该引咎自责。如果大家都切实行动起来，与这些违反社会公德的现象作斗争，就一定能营造出风清气正的社会氛围。

有记者访问一个获得诺贝尔奖的科学家：“教授，您人生最重要的东西是在哪儿学到的呢？”“在幼儿园。在那里，我学到了令我终身受益的东西，比如说，有好东西要与朋友分享、要谦让、吃饭前要洗手……”我们完善自己的道德修养也是一样，并非一定要有什么了不起的举措，而是要从身边吃饭、洗手这些小事做起。养成文明的习惯，使文明的观念从意识层次进入无意识层次，使文明贯穿我们的一举一动。

在象山港论坛上，网友“yhyh20032001”发的一则帖子，读后让人感觉很不是滋味：3月5日（学习雷锋日），已经怀孕8个月的她从教育园区搭公交车，尽管司机一再喊请人让个座，但满车的中学生居然没有一个人挪屁股。面对这一景象，这位准妈妈陡感寒心！

在帖子中，她毫不掩饰自己内心的愤慨：“我从不认为孕妇拥有什么特权，如果满车坐的都是老头老太或者残疾人，那我站多久都没话说……”她认为，学习雷锋不应只做表面文章，学雷锋，真的就是在每年固定的那天做做样子？难道不应从身边的小事做起，从一点一滴做起吗？在学习雷锋的日子里，遭遇这一幕，她称之为学雷锋日的悲哀！

在一定意义上说，社会主义社会的社会公德是社会主义建设的基础，是现代社会必须高扬的基本道德。每个社会成员都应该增强社会公德意识，自觉地以社会责任感考虑自己的行动，遵循体现社会群体利益和他人利益的公共规范。

仪态仪容尽显礼仪之美

一个人的仪容仪表，代表着这个人的外表和内心，也代表着整个人的心理素质，因而对于现代企业的员工而言，个人的仪容仪表是很重要的。

礼仪工作并不是虚伪的客套，而是现代社会文明交往的客观需要。因此，企业礼仪要合乎规范，切合场景，表现适度有节。

爱美之心，人皆有之。良好的仪态对于塑造个人形象是十分重要的，掌握职场仪态礼仪，修饰你的仪态美，从细微处流露你的风度、优雅，远比一个衣服架子更加赏心悦目。

身为现代企业的员工要注意以下几点：

行走：靠路的右侧行走，遇到同事、领导要主动问好。在行走的过程中，应避免吸烟、吃东西、吹口哨、整理衣服等行为。上下楼梯时，应请女士先行。多人行走时，注意不要因并排行走而占据路面。

交谈：谈话时，要面对对方，保持一定的距离。尽量保持身体的挺直，不可歪斜。依靠着墙壁、桌椅而站，双腿分开的距离过大、交叉，都是不雅观和失礼的行为。手中也不要玩弄物品，那样显得心不在焉，是不礼貌的行为。

递接物品：递接物品是日常生活工作中的常见的举止动作，但这一小小的动作往往却能给人留下难忘的印象。递接物品的基本原则是举止要尊重他人。如双手递物或接物就体现出对对方的尊重。

而如果在特定场合下或东西太小不必用双手时，一般要求用右手递接物品。

站姿：古人云：站如松。在现代职场中，倒也不必站得那么严肃。男士主要体现出阳刚之美，抬头挺胸，双脚大约与肩膀同宽站立，重心自然落于脚中间，肩膀放松。女士则体现出柔和和轻盈，丁字步站立。

坐姿：入座要轻而稳，女士着裙装要先轻拢裙摆，而后入座。双肩平正放松，两臂自然弯曲放在膝上，也可放在椅子或沙发扶手上。双膝自然并拢，双腿正放或侧放。至少坐满椅子的2/3，脊背轻靠椅背。起立时，右脚向后收半步而后起立。

目光：与人交往时，少不了目光接触。正确的运用目光，可以塑造专业形象。根据交流对象与你的关系的亲疏、距离的远近来选择目光停留或注视的区域。关系一般或第一次见面、距离较远的，则看对方的额头到肩膀的这个大三角区域；关系比较熟、距离较近的，看对方的额头到下巴这个三角区域；关系亲昵的，距离很近的，则注视对方的额头到鼻子这个三角区域。每次目光接触的时间不要超过三秒钟。交流过程中用60%~70%的时间与对方进行目光交流是最适宜的。少于60%，则说明你对对方的话题、谈话内容不感兴趣；多与70%，则表示你对对方本人的兴趣要多于他所说的话。

企业礼仪规范还要求企业礼仪行为与不同的外部环境相结合。不同的礼仪要求有不同的情景，一旦这情景呈现为适应的外部环境，必应以积极的态度响应。比如，庆典活动的情景是热烈、喜庆的，在这个氛围中，企业人员的服饰、神情、语气都应与环境氛围相配。这不仅使外在表现规范了，更在素质修养上提升了员工的档次。

第七章

智学：不断创新提高业务素质

智不是小聪明，而是大智若愚，它体现的是个人能力。企业需要德才兼备的人，对每个员工而言，如果个人无才无德，企业很难发展并强大。在当今激烈竞争的形势下，企业与企业之间的差距很大程度上体现在员工的能力上，只有强化员工能力才能更好地发展和壮大企业。

树立业绩至上的理念

在市场经济条件下，公司要想获得很好的生存和发展，就必须创造价值，而公司价值的获得靠的就是员工的业绩。一名为公司着想的员工，应千方百计地想着如何为公司创造价值，而要做到这一点，关键就是拿业绩说话。

在工作中，有一句话常常被提到："没有功劳也有苦劳。"特别是那些能力不够的、对待工作没有尽力的人，这句话常常被用来安慰自己，也常常成为抱怨的借口。他们认为，一项工作，只要做了，不管有没有结果，就应该算他们做出了成绩。

在现代企业中，有不少员工存在这样的想法。当领导交给的任务没有成功地完成的时候，就会产生"没有功劳也有苦劳"的观念，觉得领导会谅解自己的难处，会考虑自己的努力因素。其实，这种想法是不是对的。

无巧不成书，小张、小李、小王不仅是中学同班同学，而且也是大学同班同学，更是同一天进入了同一家大型上市公司。

但是他们的薪水却大不相同：小张的月薪是5000元、小李的月薪是3500元、而小王的月薪只有1500元。

有一天，他们的中学老师来看望他们，得知他们薪水的差距之后，老师就去问总经理："在学校，他们的成绩都差不多啊，为什么在毕业一年后会有这么大的差距呢？"

总经理听完老师的话，笑着对老师说："在学校，他们是学习书本知识，但在公司里，却是要行动、要结果。公司与学校的要求不同，员工表现也与学校的考试成绩不同，薪水作为衡量的标准，就自然不同呀！"

看到老师疑惑不解地皱着眉头，总经理对老师说："这样吧，我现在叫他们3个人做相同的事情，你只要看他们的表现，就可以知道答案了。"

总经理把这3个人同时找来，然后对他们说："现在请你们去调查一下停泊在港口边的船。船上毛皮的数量、价格和品质，你们都要详细地记录下来，并尽快给我答复。"

一个小时后，他们3个人都回来了。

小王先做了汇报："那个港口有一个我的旧识，我给他打了电话，他愿意帮我们的忙，明天给我结果。我为了保证明天他给我结果，我准备今晚请他吃饭，请您放心，明天一定给您结果。"

接着，小李把船上的毛皮数量、品质等详细情况给了总经理。

轮到小张的时候，他首先重复报告了毛皮数量、品质等情况，并且将船上最有价值的货品详细记录了下来。然后表明，他已向总经理助理了解到总经理的目的，是要在了解了货物的情况后与货主谈判。于是，他在回程中，又打电话向另外两家毛皮公司询问了相关货物的品质、价格等。

此时，总经理会心一笑，老师恍然大悟。

相信看到这种情况后，任何一个人都会像那位老师一样，一下子就会明白，为什么他们的薪水会有这么大的差别了。

一个成功企业的背后必定有一群能力卓越、业绩突出的员工。领导心中分数很高的员工，一定是那些业绩斐然的员工。当然，他们也将获得丰厚的奖赏；而业绩差的员工，则随时会有被领导解雇的可能。

高绩效是好员工的显著标志，没有绩效，再聪明的员工也会被淘汰。

市场经济下的现代企业再也不是平均主义大锅饭了，出色的业绩是靠埋头苦干干出来的，绝不是口头上说说就能得到的。要吃樱桃先栽树，要想收获先付出。出色的业绩需要人们在工作的每一个阶段，都能找出更有效率、更经济的方法；在工作的每一个层面，找到提升自己工作业绩的有效途径。

真抓实干忌投机取巧

在古罗马有两座圣殿：一座是勤奋的圣殿，另一座是荣誉的圣殿。他们在安排座位时有一个秩序，就是必须经过前者，才能达到后者。它仿佛在告诉人们：勤奋是通往荣誉的必经之路。而那些试图绕过勤奋，寻找荣誉的人，总是被排斥在荣誉的大门之外。

在一些企业内常常笼罩着一种紧张的气氛，员工抱怨领导太苛刻，整天像监工一样监督自己；领导则抱怨员工不能尽职尽责，一转身的功夫就投机取巧，没有监督就没有工作。确实，有些领导过于苛刻，他们时刻盯着员工的一举一动。但是，作为员工，我们是否也应该自我检讨一番呢？任何人都无法否认，投机取巧是如此普遍地存在于各个企业之中，已经成为当今社会的痼疾。

世界上绝顶聪明的人很少，绝对愚笨的人也不多，一般人都具有正常的能力与智慧。但是，为什么许多人却无法取得成功呢？

世界上到处都是一些看起来很有希望成功的人——在很多人的眼里，他们能够成为而且应该成为各种非凡人物，但是，他们最终并没有成功。原因何在呢？一个最重要的原因是他们做事总是投机取巧，不愿意付出与成功相应的努力。他们希望到达辉煌的顶峰，却不愿意经历艰难的道路；他们渴望取得胜利，却不愿意作出牺牲。投机取巧是一种普遍的社会心态，而成功者的秘诀就在于他们能够超越这种心态。

有一段时间，老农夫一直用牛和骡子一起耕地，耕地工作相当辛苦。年轻的小牛对骡子说："今天我们装病吧，休息休息。"老骡却答道："不行呀，我们还是努力把工作做好吧，因为耕种的季节很短呀，做完了再好好休息。"

但小牛不听，最后还是装病休息。为此，农夫给它弄来新鲜的干草和谷物，尽量让它舒服些。等老骡耕种回来，小牛便向老骡询问地里的情况，"没有我们俩在一起时耕种得多，"老骡回答道："但也耕种了不短的一段距离。"小牛又问老骡："主人说我什么没有？""没有。"老骡回答。

第二天，小牛还想偷懒，就再次装病。当老骡从田间回来时，小牛又问老骡："今天怎么样？""还不错，我认为，"老骡答道，"但耕种得还不是太多。"小牛又问道："主人说我什么了？""啥也没有对我说，"老骡说，"但是，他却停下来和屠夫说了好长时间的话。"

的确，在工作中投机取巧也许能让你获得一时的好处，但是从长远来看，则是百害无一利。投机取巧会使人堕落，无所事事会令人退化。只有勤奋踏实地工作才是高尚的，才能给人带来真正的幸福和乐趣。

有些人本来拥有出众的才华，前途充满了光明，但在工作中却总是投机取巧，不愿意付出相应的努力，所以往往一事无成。生活中的无数实例都证明了这样一个道理：在工作中，如果总是试图投机取巧，可能表面上看起来会节约一些时间和精力，但结果却往往是浪费了更多的时间、精力和金钱。

一个人一旦养成投机取巧的习惯，他的品格也会大打折扣。工作中总是投机取巧，不愿意付出相应努力的人，不懂得在工作中培养自己的个性，意志无法坚定，因此很难实现自己的个人追求。

一位先哲说过："如果有些工作必须去做，便积极投入地去做吧！”另一位明师则道：“不论你手边有何工作，都要尽心尽力地去做，千万不能投机取巧！”

可以肯定地说，一个人在一个方向上一丝不苟，要比草率、分心，在多个方向发展更有前途。因为对工作一丝不苟能够培养一个人的优良品格，使人获得智慧，尤其是它能带领人向好的方向前进，鼓舞人不断追求进步。大凡那些有所作为的人，都是那些在工作中尽职尽责、力求把工作做到位的人。员工要想有所作为就必须全力以赴真抓实干。

关键时刻敢于负责任

“责任”是一个古老的话题。曾子云：“士不可以不弘毅，任重而道远。非弘不能胜其重，非毅无以致其远。仁以为己任，不亦重乎？死而后已，不亦远乎？仁者，人心之全德，而必欲以身体而力行之，可谓重矣。一息尚存，此志不容少懈，可谓远矣。”

负责任是一个人立身做事的基本条件。一个人责任心如何，决定着他在工作中的态度，决定着工作的好坏与成败。作为一名现代企业的员工，一定要有强烈的事业心和责任心，一定要敢于负责、乐于负责、善于负责。敢于负责的人是可以被委以重任的。

李江和王海是一家大型速递公司的新员工。他们俩是工作搭档，工作一直都很认真，也很卖力。上司对这两名新员工也都很满意，然而一件事却改变了两个人的命运。

一次，李江和王海负责把一件大宗邮件送到码头。这个邮件很贵重，是一个古董，上司反复叮嘱他们要小心。没想到，送货车开到半路却坏了。

王海说：“怎么办，你出门之前怎么不把车检查一下，如果不按规定时间送到，我们要被扣奖金的。”

李江说：“我的力气大，我来背吧，距离码头也没有多远了。而且这条路上的车特别少，等车修好，船就开走了。”“那好，你背吧，你比我强壮。”王海说。

李江背起邮件，一路小跑，终于按照规定的时间赶到了码头。这时，王海说："我来背吧，你去叫货主。"他心里暗想，如果客户能把这件事告诉领导，说不定还会给我加薪呢。他只顾想，当李江把邮件递给他的时候，他却没接住，邮包掉在了地上，"哗啦"一声，古董碎了。

"你怎么搞的，我没接你就放手。"王海大喊。"你明明伸出手了，我递给你，是你没接住。"李江辩解道。

李江和王海都知道，古董打碎了意味着什么。没了工作不说，可能还要背负着沉重的债务。果然，领导对他俩进行了严厉的批评。

"领导，不是我的错，是李江不小心弄坏的。"王海趁着李江不注意，偷偷来到领导的办公室，对领导说。领导平静地说："谢谢你，王海，我知道了。"

随后，领导把李江叫到了办公室："李江，到底怎么回事?"李江就把事情的原委告诉了领导，最后李江说："这件事情是我们的失职，我愿意承担责任。另外，王海的家境不太好，如果可能的话，他的责任我也来承担。我一定会弥补上我们的损失的。"

李江和王海一直等待处理的结果，这天领导把李江和王海叫到了办公室。领导对他俩说："公司一直对你俩很器重，想从你们俩当中选择一个人担任客户部经理，没想到却出了这样一件事情，不过也好，这会让我们更清楚哪一个人是合适的人选。"

王海暗喜，"一定是我了"。

"我们决定请李江担任公司的客户部经理，因为，一个能够勇于承担责任的人是值得信任的。李江，用你赚的钱来偿还客户。王海，你自己想办法偿还给客户，对了，你明天不用来上班了。"

"领导，为什么?"王海问。

"其实，古董的主人已经看见了你俩在递接古董时的动作，他跟我说了他看见的事实。还有，我也看到了问题出现后你们两个人的反应。"领导回答说。

这个故事给人的最大启示是，在工作中要勇于承担责任，这也是优秀员工和平庸员工的差别。勇于承担责任是人的一种品质，也是身在职场生存的基本条件。无论职位高低、能力大小，还是身在何种性质的企业，不管岗位职责管理幅度宽窄，必须立足本职，独当一面，肩负起应有的责任，对得起那份薪水和良知。

看起来微不足道的小事，有时恰恰反映了一个人的责任心。“我要对自己的工作负责！”我们要用这种意识来指导自己的行动，更积极主动地负起责任来。简而言之，我们需要时时注意哪些工作是需要做的，而不是消极等待别人来告诉你做什么。

只有当一个人从心底改变了对承担责任的理解，认识到责任不仅是对公司的一种负责，也是对自己的一种负责，并在这种负责中感受到自身的价值和自己所获得的尊重和认同时，你才能从承担责任中获得满足。

承担责任，努力工作，对一个优秀的员工而言，感受更多的不是压力而是一种快乐和幸福；对企业而言，你也正是可以真正令他放心、满意的员工，企业最缺的也是这类员工。

工作中不断创新学习

常言道：知耻而后勇，知不足而后强。人无完人，员工要善于从他人身上对照自身不足、勇于改进，不断完善自我，化差距为动力，提高执行力，认真地、不折不扣地干好工作，做到让领导满意、让群众满意。

在经济全球化、科技信息化和知识爆炸的新时代，企业如何建设学习型组织，增强集体智慧，提高决策质量，降低决策风险？这就要求员工切实增强学习的紧迫感和自觉性，更加重视学习，更加善于学习。只有不断在工作中充实自己、提升自己，才能更好地胜任自己的工作，在竞争中不被淘汰出局。现在很多企业都为员工提供再教育和培训的机会，员工要抓住这些难得的机会，争取成为企业的培训对象。为此，就要了解企业的培训计划和培训对象的条件等，一旦觉得自己合适，就毫不犹豫地去争取。领导对于这样的员工是非常欢迎的。

一般来说，企业会要求员工增强学习意愿，提升其工作技能，并会督促并要求员工积极参加再教育或相应资格培训课程，以此制订培训计划。

在企业不能满足员工的学习要求时，员工也不要闲下来，可以自掏腰包接受再教育。首选应是与工作密切相关的科目，除此之外，还可以考虑当下一些热门和自己感兴趣的科目，多学习多充电，以增加自己以后在职场中的竞争分量。

2006年，两个年轻的大学生同时应聘到一家公司，一个是名牌大学毕业的高材生小王，另一个是普通大学毕业的小赵。因为他们都是刚刚参加工作，都没有什么经验，所以，公司安排他们从基层干起。尽管他们担任的职位差不多，但起薪有所不同，高材生小王的工资自然要高一些。小王在大学里储备了丰富的知识，对于自己的工作任务能轻松自如地应对。非常自信的他，甚至有点瞧不起小赵那些笨头笨脑的做法。颇有自知之明的小赵，知道自己的学历不高，知识面没有小王宽，为了缩小自己与小王的差距，小赵经常利用空闲时间努力学习。碰到不明白的地方，小赵有时不得不硬着头皮向自负的小王请教。

虚心好学的小赵，在工作上也经常向同事们请教，还时常征求领导的看法，以便在工作中能及时发现问题，纠正错误。通过别人的指点，小赵在工作和学习中少走了许多弯路。

有一次，晚上10点了，领导正要离开办公室，看到小赵还在电脑旁忙碌，便催小赵下班。小赵告诉领导，自己觉得业务能力很一般，想对业务更精通些，便每天晚上在网站上查些学习资料，提高自己的业务水平。领导点了点头，给他推荐了两个不错的专业网站，就离开了公司。

因为小赵的不断努力，不知不觉中，小赵的工作能力便和小王旗鼓相当了。一年以后，这两个年轻人的工作能力又有了新的差距：小王和刚入公司相比并没有太大的提高，倒是小赵在原有的基础上，前进了一大步。公司交给的任务，小赵不仅完成得又快又好，还能在工作中提出很多完善管理、创造效益的好点子。他的业绩大大超过了小王，而且还被提升为部门主管，当然薪水也要高于小王。

作为领导，谁都愿意提拔那些有上进心，并且能为公司作出重大贡献的人。事实就是这样，不是小王的业绩不好，而是小赵的业绩更出色。名牌大学的背景并不能让人进步，持续学习才是走向成功的关键。可能小王还在沉溺于自己辉煌的过去，而小赵正悄声无息地学习。现实就是这样残酷，如果原地不动，你就会被数以万计的人超过。

常常会听到有人抱怨薪水太低、怀才不遇，却不知道，自己正处于一个可以学习的地方，如果只是一味地抱怨，就永远也不会有所长进。只有安心学习，在工作中不断提升自己，才能成就自我。

随着知识、技能更新越来越快，员工也会出现越来越明显的差异，那些平时善于学习的员工会做得越来越好，而那些懒散、得过且过的员工的适应性会越来越差，最终被淘汰。

企业外的世界不断变迁，企业内的人员也要跟着改变。企业需要员工掌握新技能，以便在新的工作环境中有突出的表现，即使最令人满意的企业也不能凭着过去的成功驶向未来。每位员工都必须审视自己对变迁的反应，没有人能够退居一角只做旁观者。

阳光心态积极向前看

每个职场人都希望通过升职、加薪来体现自己的个人价值，既然选择一项工作，来到一个团队，就应在团队中找准自己的位置，为自己设定一个工作目标，享受完成工作带来的成就感，为自己设定这样的目标本来是积极的，在通往实现目标的道路上也应选择积极的方式来面对。

正能量是时下颇为流行的词汇，企业是一个大家庭，更应该积极培养正能量氛围。员工就应从自己做起，传递正能量，那么究竟什么是正能量呢？是一种思想的力量，比如感恩、信任、豁达、洒脱、悦纳、奋进……这些都是正能量；而目前在职场中大肆蔓延的大多是抱怨、猜疑、妒忌、较劲、虚荣、沮丧这些负面因子。

在航天集团工作的张华的手机响了，来电显示是“不明号码”。当时张华正在忙，没有接电话。打来的人也没有留言。接下来，几乎每隔一小时，他都会接到同样的“不明号码”打来却又不留言的电话。最后，张华终于接到了这通“不明号码”来电，听到电信公司的语音留言：“这是要通知王林（非真名）的重要讯息……如果你是王林，请按1；如果不是，请按3。”

张华按了3，心想电信公司应该会发现他们打错号码了，就不会再有这些来电了。但他们还是没发现。电话几乎每小时响一次，都是“不明号码”打来的，而且当张华接起电话时，又听到同样友善的语音留言。张华不断按3，来电却依然没有停止。

在过了好几天每小时都有固定来电的日子后，张华打给电信公司解释这样的状况，而他们也确保会及时处理。但是，来电还是持续不断。

很多人可能会想，张华会再打给电信公司，要负责的主管来接听，臭骂那可怜的家伙一顿。此外，张华还会告诉每个他接触到的人，说这简直是乱七八糟、太不合理了，这让他深感不便与干扰。

然而，张华并没有这么做，他打通客服电话，对客服人员说："我知道出错是在所难免的，我也知道这不是你的错。但是我应该不会再接到贵公司的电话了才对，而我也愿意和你配合，直到我们发现问题出在哪里。"不到十分钟，张华就发现症结所在（他们把张华的号码当成了王林的号码输入了电脑），问题解决了，来电停止了。

张华最终没有让血压上升或大发雷霆，便得到了想要的结果。他也没有向朋友、同事和家人发牢骚，把他们牵扯进来，而是找了个可以帮助他的人，解释我想要什么，而且锁定真正的焦点。

你有权利得到你应得的。要达到这个目的，就不要一直谈论这个问题，或是把注意力完全放在上面。你应该从更高的层次来思考问题，看着它被解决。只要谈你的渴望，只要和可以提供解决方案的人谈。你会缩短等待的时间，让你的需求更快被满足，在这个过程中你也会更快乐。

如果在你服务的企业中，萦绕着正能量，同事之间传递的是理解和包容，只需要摆正自己的心态和位置，做好分内的工作，对同事的关心和帮助，回报感恩和祝福，充满自信地工作，那么也就会收获喜悦和幸福。当面对冷言冷语时，第一反应不应是反感，而是体谅和接纳，也许对方现在正经受着病痛，或者遇到了什么工作难题，或者家庭中有什么为难的事情，从这种角度出发，不但也许能解决同事的困难，还能提升同事间工作的默契。面对同事的升迁和奖励，应给予正面的祝福，看到同事进步的方向，自己在哪里做得不足，观察细节就能有所收获。

职场不是战场，职场是修炼场。不但修炼自己的工作能力，更是修炼一颗乐观、豁达的内心。在职场中找到自我的价值，放弃与人PK的观念，与同事为友，与同事为伴。职场不是冰冷的战场，不是赤裸裸、血淋淋的争抢，只有自己内心温暖了，才能温暖别人。职场人，要经得起繁华，耐得住荒凉！

只要我们每个人都积极传递自身正能量，拒绝抱怨，远离冷漠，用阳光心态积极向前看，就会为企业带来源源不断的活力和生机。

问题到此为止不拖拉

当领导被繁忙的事务缠得焦头烂额的时候，作为下属，应该想想“我能为领导做些什么才能为其分忧解难”。特别是领导在遇到难题、迫切需要帮助的时候，优秀的员工应该像江湖豪杰那样主动站出来，挺身而出，施以援手，而不能像平庸者那样袖手旁观。

任何工作都不可能是一帆风顺的，都可能会遇到这样或那样的挫折与障碍。作为领导，管理企业责任重大，压力也最大，某些工作凭借自己的能力或以往的经验就能做好，而有些工作则需要下属的协助才能解决。这时，如果下属除了干好本职工作外，还能及时伸出援助之手，帮领导分忧解难，他肯定会十分感动，从而对你另眼相看。所以只有那些敢于面对问题、主动解决问题的人，才能得到领导的青睐和重用。

一家健身器材公司决定找一个经验丰富的老员工去另外一座城市建立一个新的市场拓展点。可是当领导宣布了这一决定后，那些老员工都低下了头，没有人愿意去。的确，开拓新市场会遇到很多意想不到的困难，一旦砸了，自己也推脱不了责任。谁愿意去做吃力不讨好的事情呢?

就在大家沉默的时候，新员工小琴举起手说：“报告领导，我想去。”

大家把目光都投向她，好像在说：“老员工都不敢接受的挑战，你刚来几天逞什么能？”领导也有点不相信，说：“但是，你……”领导话还没有说完，小琴便抢着说：“虽然我是新员工，但是我相信只要我全力以赴，一定能克服困难，顺利完成任务。”

出于对新员工的考验，领导同意了她的要求。下班后，小琴听到同事在偷偷议论：“一个黄毛丫头，翅膀还没长出来就想飞，真是不知天高地厚。”小琴也为自己一时的冲动有些后悔。回到家中，家人也指责她少不更事，刚去公司，不可能担当如此重任。别人的不信任反倒让小琴想尝试，她想：“我就不信做不好，既然你们认为我做不到，我偏要做好给你们看。”

领导对小琴的胆识很赏识，专门为她制订了一套严谨的工作方案，并在后方提供全方位的咨询服务。经过半年的艰苦奋战，小琴终于在那个城市建起了一个稳定的市场拓展点，规模不断扩大，发展势头很快。公司的人都开始对她刮目相看，她也理所当然地成了那里的部门经理。

在这个世界上，并不缺乏有能力的人，那种既能干又肯干的人才是领导最渴求的。一个企业要想在市场上立住脚，可能会面临各式各样的问题和考验，而工作就是不断地解决问题，企业也是在不断地解决问题的过程中发展的。

一个员工如果能经常想想自己该为企业做什么，把解决工作中的问题看做是为企业和个人的共同发展铺平道路，在处理问题的过程中不断增强信心，自然能享受乐趣，收获成功。

著名的出版家、作家阿尔伯特•哈伯德曾经说过：“每个雇主总是在不断地寻找能够助自己一臂之力的人，同时也在抛弃那些不起作用、不能适应公司文化的人——那些到哪个岗位都无法发挥作用的人，迟早都会被淘汰。”

工作中遇到林林总总的问题时，不要逃避，也不要犹豫不决，更不要依赖他人，而要敢于面对和迎接，敢于作出自己的判断。对于自己能够判断，而又是本职范围内的事情，要大胆地拿主意，让问题在自己那儿解决。解决了问题，你才能迎接新的契机。而当周围的人们都喜欢找你解决问题的时候，你无形中就建立起了善于解决问题的好名声，就取得了胜人一筹的竞争优势，领导必然就会知道你是个良才。这样，你才能受到领导的青睐和提拔。

从早到晚，问题总是与我们“朝夕相处，相依为伴”。然而，悲观者只看见问题，乐观者却看见问题后面的机会。只要努力，成功对谁都是平等的。人是制造问题的专家，也是解决问题的能手。只要能迅速娴熟地解决各种问题，就能成为企业里一颗耀眼的明星。

团队协作效率最大化

一个拥有主人翁精神的人，并不仅仅是让自己成为企业的主人，而是让自己时刻与公司血肉相连、心灵相通、命运相系，用这样的心态和信念去做好每一件事情，在每一个成功或者失败的经验里，渗透出企业以及个人这种共同的精神气质。

对企业来说，团结有助于提升企业的工作效率，形成良好的企业文化。企业内部的团结也就是我们常说的凝聚力和团队精神，这是一种能够推动企业发展的巨大力量。

经常听到员工在那里怨叹："我都快累垮了，每天总有做不完的事，谁能来帮帮我……""我每天的心情都是压抑的，感觉天空都是灰暗的……"事实上，他们真的是做了很多工作，有些还是非常重要的工作，但是他们的工作效率却不高，或者说他们的付出没有得到在工作业绩上的公平回报，反而把自己搞得身心疲惫。

几年前，有一家世界知名的公司要招聘四个部门主管，世界各地的优秀人才蜂拥而至。通过几轮全面而细致的考试，终于有16个人凭借渊博的学识和出色的能力闯过重重难关，进入了最后的面试阶段。这一轮的面试由该公司的总裁亲自主持。

总裁让助理把考试过程中需要的资料分别发到每位面试者手中，然后他郑重地告诉每一位面试者："祝贺你们来到这里，我也很高兴见到你们，能够来到这里就足以说明你们都是某个领域、某一专业的优秀人才。我希望你们都能够留下来，但可惜的是，你们当中只有4个人能够留下来，因为现在只有4个空缺职位，因此今天我们不得不淘汰其中的12位。如果你们当中有人能在今天突围出去，那么他（她）明天就会成为我的同事。”

总裁看了看面前跃跃欲试的16位面试者，接着说道：“我不再浪费大家的宝贵时间了，现在我宣布这次考试的题目——请大家拿好各自手中的材料，这次考试就是要每个人根据现有的材料完成一份策划案，当然你们可以运用所有能用到的方法。另外，你们要分成4组，每组4人，具体是谁和谁一组，你们自由组合，下面大家开始选择自己的合作伙伴。”

两分钟后，这16位面试者已经自由组合成了4个小组。总裁又说：“从左往右排，这4个小组分别称为A组、B组、C组、D组。现在，大家可以开始着手自己的策划案了。30分钟以后我再来。”说完，总裁离开了房间。

30分钟以后，总裁助理按照划分的小组分别把每个人的策划案送到了总裁手里，总裁仔细看了大家的策划案，然后大声宣布：“D组的四位成员正是我们需要的人才。”

“为什么是他们而不是我们？请问您选择他们的理由是什么？”总裁的话音刚落，其他12位面试者就提出了疑问。

这时总裁说：“这正是我接下来要说的话，因为你们每个人手里的材料都是不全面的，而且每个人的材料都不一样，只有D组的四位成员互相研究了别人的材料，所以他们每个人做出的策划案都比较全面。更可贵的是，他们还结合所有成员的意见，取长补短，制作了一份非常完美的小组策划案。而其他三组的成员都只顾自己手中的任务，既不向其他成员借阅材料，也不把自己手中的材料借给别人，所以做出的策划案都十分片面。”

接着，总裁又说：“我们公司需要的是具有协作精神的优秀人才，因此，尽管其他人也很优秀，甚至在某些方面比D组的四名成员还要优秀，但是公司的发展仅靠某一个人的优秀是远远不够的。”

也许你能力卓越，但是不屑于和其他人一起成长，仅靠你个人的能力，企业这辆大车也不能前行一步，因为个人的能力再出色，对于企业的发展来说都是杯水车薪。只有与同事一起成长，才能共同推动企业的进步。因此，能够相互协作的员工更受欢迎。

团队合作是员工具有良好团队精神的重要特征，也是工作的有力保障。个人的知识和能力是有限的，依靠和利用团队成员的知识、经验和能力共同完成项目是明智的选择，不要担心功劳被别人抢走。

合作会增强力量，分裂会削弱力量，员工的合作精神要不断加强和培养。如果你想要获得工作的效果，那么从现在开始就积极融入团队，与同事通力合作，共同努力完成任务吧！

不找借口提升执行力

执行力问题是每一个企业都十分关注的，如何提高执行力，这是每一个企业或是领导最为关注的问题，提高执行力是需各方面、各级管理人员努力去做的一件事。员工执行力就是保质保量地完成自己的工作和任务的能力。

现代企业的员工，个人的成功与否在于是不是做什么都力求做到最好。成功者无论从事什么工作，都绝对不会轻率疏忽。因此，在工作中他会以更高的标准要求自己。工作中多做一点，把分外事都全心全意地做到极致。把分外的工作做得比别人更完美、更快、更准确、更专注，动用你的全部智能，你将引起他人的关注，实现你心中的愿望。

王芳在北京经济开发区一家公司做助理，她的工作就是整理、撰写、打印一些材料。很多人都认为王芳的工作单调而乏味，但她却不觉得，她总是说："检验工作的唯一标准就是你做得好不好，而不是别的。"

王芳整天做着这些工作，做久了，她发现公司的文件中存在着很多问题，甚至公司的一些经营运作方面也存在着问题。

于是，王芳除了每天必做的工作之外，她还细心地搜集一些资料甚至是很多过期的资料，她把这些资料整理分类，然后进行分析，写出建议。为此，她还查询了很多有关经营方面的书籍。

最后，她把打印好的分析结果和有关证明资料一并交给了领导。领导起初并没有在意，直到一次偶然的机会，他读到了王芳的这份建议。细致的分析让领导非常吃惊，这个年轻的助理居然有这样缜密的心思，而且她的分析井井有条、细致入微。后来，王芳的很多建议都被采纳了。

领导很欣慰，他觉得有这样的员工是公司的骄傲。

当然，王芳也得到了领导的奖励并被委以重任。王芳觉得自己只比正常的工作多做了一点点，做了力所能及的分外事，但是，领导却觉得她为公司做了很多……

我们在工作中只要对一些工作细节给予额外的关注，就能把分外工作做到更好。有时，在工作中我们没必要比别人多做许多，只需要多做一点点就已经足够了。保持“每天多做一点”的工作态度，定能使你从众人中脱颖而出。

工作不仅要做完，还要做好，更要完成得到位。你只有做得到位，企业的资金才能到位，你才有可能拿到想要的薪水，得到希望中的职位。反之，如果你做工作不到位，你不仅拿不到想要的回报，更可能会耽误企业的大事。怎样才能提高执行力呢？

一要着眼于“严”，积极进取，增强责任意识。责任心和进取心是做好一切工作的首要条件。责任心强弱，决定执行力度的大小；进取心强弱，绝定执行效果的好坏。因此，要提高执行力，就必须树立起强烈的责任意识和进取精神，坚决克服不思进取、得过且过的心态。把工作标准调整到最高，精神状态调整到最佳，自我要求调整到最严，认认真真、尽心尽力、不折不扣地履行自己的职责。绝不消极应付、敷衍了事、推卸责任。养成认真负责、追求卓越的良好习惯。

二要着眼于“实”，脚踏实地，树立实干作风。天下大事必作于细，古今事业必成于实。好高骛远、眼高手低，结果终究是一事无成。因此，要提高执行力，就必须发扬严谨务实、勤勉刻苦的精神，真正静下心来，从小事做起，从点滴做起。一件一件抓落实，一项一项抓成效，干一件成一件，积小胜为大胜，养成脚踏实地、埋头苦干的良好习惯。

三要着眼于“快”，只争朝夕，提高办事效率。“明日复明日，明日何其多。我生待明日，万事成蹉跎。”因此，要提高执行力，就必须强化时间观念和效率意识，弘扬“立即行动、马上就办”的工作理念。坚决克服工作懒散、办事拖拉的恶习。每项工作都要立足一个“早”字，落实一个“快”字，抓紧时机、加快节奏、提高效率。做任何事都要有效地进行时间管理，时刻把握工作进度，做到争分夺秒，赶前不赶后，养成雷厉风行、干净利落的良好习惯。

四要着眼于“新”，开拓创新，改进工作方法。只有改革，才有活力；只有创新，才有发展。面对竞争日益激烈、变化日趋迅猛的今天，创新和应变能力已成为推进发展的核心要素。因此，要提高执行力，就必须具备较强的改革精神和创新能力，坚决克服无所用心、生搬硬套的问题，充分发挥主观能动性，创造性地开展工作、执行指令。

在日常工作中，我们要敢于突破思维定势和传统经验的束缚，不断寻求新的思路和方法，使执行的力度更大、速度更快、效果更好。养成勤于学习、善于思考的良好习惯，随时为自己服务的企业效力。

第八章>>>

廉学：经得起诱惑耐得住寂寞

中国是礼仪之邦，孟子早就有“其身正，不令而行”的说法。清正廉洁自古受人推崇，是我们每个人基本的行为准则。在当今社会里，只有每个人做到廉洁、严格、自律，树立正确的世界观、人生观和价值观，才能全心全意效力和忠诚于企业。

勤于自律勇闯三关

各个企业的领导干部，都在单位担负着廉政建设的重任，更应该深入地思考自己该如何来担当这份责任，如何来履行这份职责。“律己”过不了关，“律人”就过不得硬。廉洁自律既是一种领导素质，也是一种领导能力，只有廉洁自律才能获得反腐败的发言权、主动权和领导权。

企业中反腐倡廉最关键的环节，就是领导干部要廉洁自律。管理企业的首要品质在于廉洁，廉洁之本在于自律，自律之道在于防患未然。腐败最先突破的是廉洁自律这道防线，保持清廉必须固守廉洁自律这条底线。

要自觉筑牢思想防线。心不廉则无所不取，心无防则无所不为。廉洁自律是一项长期的思想作风建设，绝不能使其前功尽弃，它的效力在于坚持不懈、持之以恒，企业领导干部要始终坚持把廉洁自律作为一种思想境界来提升，作为一种职业操守来要求，作为一种工作能力来培养，牢固树立正确的世界观、人生观、价值观、权利观、地位观和利益观。特别是在面对诱惑、陷阱时，保持清醒头脑，时刻警钟长鸣：在感情上把握住原则；在行动上把握住分寸；在生活上把握住小节；务必做到政治上清醒、经济上清楚、生活上清白，守好自己的精神家园。

“人心不足蛇吞象”。有的人本来已经有了宽敞的房子，可总嫌住得小，还想住别墅；有的人本来已经坐上官位，可还想像大款一样花钱如流水；等位置有了，名声有了，钱也有了，又想有美女相伴。有的人开始能够节制欲望，但随着环境的变化，权力的增大，地位的攀升，荣誉的加身，欲望不断变为现实，尤其是在制度机制约束不力的情况下，如果修身养性功夫不过硬，就很容易被诱惑所腐蚀，被利益所迷惑，被权力地位冲昏头脑，欲望就开始逐渐膨胀。因此除了建立健全权力制约机制外，最好能把自己的欲望管理好，即管理好自己的权欲、名欲、利欲、情欲等，防止自己被膨胀的欲望带进地狱的深渊。

古往今来，一个贪欲之念，不知毁掉了多少人的身家性命，断送了多少人的锦绣前程。按说这种前车之鉴比比皆是，触目惊心，大家应引以为戒，可是，仍然有不少人在沿着这条死路“前赴后继”，因为许多人的一生都在想究竟要得到什么呢？无外乎权力、金钱、美女、名声。人生活在这个世界上，时时都面临着各式各样的诱惑，稍不留神，可能堕落最根本的问题是出在世界观、人生观、价值观上。但是如果他们懂得做人是有底线的，无论如何也要守住这一底线，想必也不会中箭落马，身陷囹圄。人生有做人的底线，遵纪守法、“不出事”就是一个底线，如果违纪违法，“犯了事”，结果便是身败名裂，人财两空。

要守住自己的底线，就是要树立正确的人生观、价值观、道德观和利益观，摆正人生坐标，正确面对社会反差，做一个堂堂正正、有尊严的人，过踏踏实实、安安稳稳的一生。做到无论什么情况下都能把握住自己，对个人名誉、地位、利益想得透、看得淡；始终保持一颗平常心，学会知足常乐；习惯过清贫和寂寞的日子，抵得住诱惑；做到金钱面前不动心、美色面前不动色、亲情面前不动情。不浮躁、不攀比、不抱侥幸心理，正确对待工作，始终保持一颗进取心。

作为现代企业的员工，无论领导干部还是普通员工都要正确对待权力，始终保持一颗敬畏心。敬畏自然，敬畏法律，敬畏生命，敬畏道德，否则，就会走向反面。思想蜕变，道德沦丧，就会越出底线，有的甚至跌进犯罪的深渊，饮恨终身。

勿受拜金主义支配

拜金主义与人类社会的正确价值观相背离，与人的全面发展相背离，把人降低为金钱的奴隶。拜金主义盛行之下的社会必然物欲横流、尔虞我诈，道德沦丧、信仰缺失。拜金主义在某些领域和行业渗入到企业内部，不仅损害了权力的廉洁性，还会影响干群关系和人与人之间的正常关系。

“金钱不是万能的，没有金钱却是万万不能的。”这句话流行颇广，常常被人加以引用。在这个物欲横流的时代，越来越多的人对金钱的抵抗力也在慢慢地下降：为达目的不择手段，拜金主义横行，享乐主义大行其道……常言说得好：“君子爱财，取之有道。”在现实生活中，人们获取钱的渠道是多方面的，但从性质上来划分无非是两大类。一是依法勤劳致富，二是巧取豪夺。

近年来我国经济发展迅速，一些人在改革开放的背景下致富，过上了比较优裕的生活。少数领导干部攀比之下产生了不平衡心理，违背了对党和人民作出的庄严承诺，一味追求奢侈豪华的生活，把自己的党性、人格、良心和灵魂商品化，予以贱卖。个别员工经常假公济私，侵吞占有公有财产，中饱私囊。

尽管贪婪的动机和目的多种多样，违纪违法手段也行为各异，但在对金钱崇拜的背后，都是享乐主义、极端占有欲在作祟。事实证明，享乐和对丰富物质的占有并不能带来真正的快乐和幸福。

我们在为企业工作的过程中，绝不能把权力当成个人谋利的工具，而应当把服务他人、服务社会作为自己的责任和追求。这就需要用正确的人生观和价值观作指导，树立正确的金钱观，同享乐主义、拜金主义以及一切歪风邪气作坚决斗争。

泰戈尔曾有诗说过：“有的鸟原本可以飞得更高更远，却由于翅膀系上黄金，这鸟便永不能再在天上翱翔了。”在追求自身发展的道路上，我们要远离拜金主义的泥潭。只有约束欲望、树立正确的价值观、金钱观，才能守住自己的幸福，守住自己的家，才能在为社会创造价值、实现崇高理想的过程中收获幸福和成功。

从近年来的违纪违法案例中不难发现，领导干部和管理人员的违法行为80%以上与对金钱的贪欲有关。有的人搞权钱交易，收受贿赂，甚至明目张胆地索贿；有的人依权吃拿卡要，放纵自己的贪欲；他们之所以走上违纪违法的道路，拜金主义是内在原因。所以要坚决抵制拜金主义，清清白白做事，干干净净做人，企业的每一位员工更应该坚决树立清正廉洁的人生观、价值观。

勤于反省能保廉洁

古语说得好："吾日三省吾身。"即每个人每天要反省多次，要在内省中发现一天的所得所失，查找到不足并弥补。每天反省是我们提高道德修养情操的重要方法，也是企业中员工修身养性的重要途径之一。

人为什么需要反省呢？"金无赤金，人无完人。"每个人身上都存在着这样那样的不足，世界上没有十全十美的人，我们需要通过反省来发现自己的缺点，不断完善自我，取得进步。

历史上的伟人都是善于反省、乐于反省的。

越王勾践被吴国打败后，每天反省自己的不足，不断总结，最终战胜了吴国，成为一名流芳千载的君主；楚庄王原本贪图享乐，昏庸无道，后听人劝导，在经过一番自我反省后，勤于政治，最后一鸣惊人，成为春秋五霸之一。

躬身自省是加强自我修养、陶冶情操、提高本身素质、练就内功的最好途径。不断检查自己的思想行为，对完善自我、创造和谐的生活与工作环境是大有裨益的。躬身自省实际是完善自我而进行的人格内心剖析。曾子曾说："吾日三省吾身：为人谋而不忠乎？与朋友交而不信乎？传不习乎？"意思是说我每天多次自我反省：替别人谋划是否忠心？与朋友交往是否守信？学业是否时常温习？

这就是躬身自省、自我批评、自我完善而进行的人格内心剖析。孔子又说了："躬自厚而薄责于人，则远怨矣。"意思是说多批评自己，少责怪别人，这样就不会招人怨恨了。这也叫"严以责己，宽以待人"，是自我完善的一个过程。

唐代韩愈有一篇很著名的散文叫《原毁》，这篇文章开篇第一句就说："古之君子，其责己也重以周，其待人也轻以约。重以周，故不怠；轻以约，故人乐为善。"意思是说古时候的君子，他要求自己严格而全面，他对待别人宽容又简约。严格而全面，所以不怠惰；宽容又简约，所以人家都乐意做好事。这也属于自省，对己严，对人宽。他又说了："今之君子则不然，其责人也详，其待己也廉。详，故人难于为善；廉，故自取也少。"意思是说现在的君子可不同，他责备别人周详，他要求自己简少。周详，所以人家难以做好事；简少，所以自己进步就少。现在的君子只会批评别人，不知道反省自己，不会自我批评。对人严，对己宽。所以，自己就成了孤家寡人，人气不旺，当然自己进步也就慢了。工作起来紧紧张张，别别扭扭。

"省吾身"也好，"躬自厚"也好，"责己重以周"也好，从主观上讲是反映一个人的思想修养，从客观上讲也是一个正确处理人际关系的问题。自身修养也好，正确处理人际关系也好，都是为了我们能更好地生活和工作。所以，我们是否也应该"吾日三省吾身"？或吾日一省吾身？或一周三省吾身……我们的工作做得怎么样？是否尽职尽责？与同事的关系是否融洽？是否真心对待同事和工作？自己是否在不断"充电"？同事和领导是不是满意？工作能不能再精些？如果你真的这么想了，这么做了，这就是在"自省"，在自我批评，在完善自己。经过不断自我完善，你在工作中一定会用脑、用心、用情去完成任务，在让领导满意、同事关系也更融洽的同时，也创造了一个宽松和谐的生活与工作环境，这难道不是大家所向往的吗？

当今社会每时每刻都面临各种利益的诱惑与考验，“灰色收入”、受贿“红包”、享乐主义、奢靡之风等，时刻侵蚀着每个人，稍有疏忽、麻痹，就会落入“温水煮青蛙”的境地，一失足而千古恨。

“吾一日三省吾身”，现代企业的员工要时常反躬自省，自测“水温”，关注自身一言一行，坚决果断地向各种诱惑说“不”，不触高压线，不踩地雷，把廉洁自律的“种子”撒入修养的土壤中，少做一些“绣花枕头”、不切实际的形象工程，多干一些打基础、利长远的事，以一种踏实平和的心态和一种昂扬向上的精神，奋力成就一番利国利民的事业。

成功不是靠贪来的

成功路上鲜花多，诱惑更多！要想抵御所有诱惑实在是太难了，甚至几乎不可能。不过，少走弯路的办法还是有的，那就是：时时提醒自己反“贪”，成功不是贪来的。

漫漫人生路，没有人知道前面有什么。在这条未知的路上，也许会充满了诱惑与考验，也许会有陷阱深渊。总之，只要稍不小心就会给自己带来麻烦，成败功过都会在一念之间决定，所以要想躲避这些陷阱和深渊就要清醒地认识它们，才能够躲得过、避得开。

一个“贪”字就是一座无底的深渊，不管是谁只要掉入“贪”这个深渊，都是既害人又害己。人们为了那贪婪的欲望，会使出各种手段、各种巧计诡计以达到自己的目的。然而贪心是没有满足的，它会促使人不断索取，不断强夺，将自己想要的统统据为己有。这样做只会以损人开始到害己告终，直到自己为贪心付出代价。

任某曾穷困潦倒，为了生计他外出做生意，一次偶然的机会，任某意外赚到46万元。这个意外的惊喜，激活了任某对金钱的贪婪。他觉得自己时来运转，该是大干一番的时候了。此时的他心机多了、手段多了、计谋也多了，于是任某以这46万为基础，投资成立了一家工程公司，钱赚得越来越多，任某开始傲慢了。一家人离开老家进了城，别墅轿车都有了，他觉得自己这么多钱，一个孩子花不完，于是又偷偷要了一个儿子，儿子越来越大，任某发现儿子的智力有问题，多方求医还是一点效果都没有。而此时，任某的事业也开始下滑，几年时间，任某不但没如愿地挣到钱，反而把自己的本钱也都赔了进去。轿车别墅被拍卖作了抵押，任某又带着妻儿回了老家。没过多久妻子中风瘫痪在床，一个傻儿子整天在外惹是生非，如果批评几句，不管有人无人就朝任某劈头盖脸地打。几年前威风十足的任某，如今像霜打的茄子，再也威风不起来了；以前走路昂首挺胸，现在怕见人总是走小路。

其实，任某走到今天，最大的凶手就是贪心。如果他能知足，能够对当时的生活感到满足，不再生出贪婪之心的话，今天面临的一切他不一定会遇到，也不至于承受这么多生活中的压力。事实上，不只任某一个，我们所有的人都被贪心坑得很苦。当我们拥有了一定的条件之后，没有人会满足于现状，而是要求越来越高，欲望越来越大，有了还要有，得到了还想得到更多的。正是这种贪婪的心，把人们一个个推进不满足的深渊，岂不知长此下去，人们只能走到一无所有的尽头。

对人是这样，对企业也是一样的，因为贪婪，迷恋奢华，美国的雷曼兄弟控股等金融机构闯下大祸，制造了百年来最大的金融风暴……大马上市公司联合会（FPLC）会长丹斯里梅格纳兹姆汀指出，当电影中描绘的合并、收购、操控股票、内线交易都已成真时，很多人都没意识到这是企业“幻象”。贪婪下，企业逐渐产生不规则与投机性的计划，尽管这不违法，却无疑是不道德、不合规则的行为，比如次贷风暴的引发。

只有懂得知足你才不会过分贪婪，也就可以避免让自己去承受那些不必要的罪过和苦恼，现代企业的员工要学会知足，远离贪心，保守自己的心千万别掉进“贪”的深渊，别让“贪婪”为自己的心戴上枷锁。

增强诱惑的免疫力

在这普遍浮躁的人世间，“经得起诱惑”与“耐得住寂寞”实在不容易做到，诱惑实在太多了。炒股赚钱、做房地产赚钱，钱来得更快门槛也不高；寂寞又何其难耐，眼看着人家大把赚钱，眼看着人家财大气粗、颐指气使，而我却要在“青灯黄卷”之下默默地“做功课”……

官场上钩心斗角、尔虞我诈，那是权力的诱惑；贪污受贿、偷盗抢劫，那是金钱的诱惑；一个团队里争模抢优，那是虚名的诱惑；安逸享受，想不劳而获，那是懒惰的诱惑……诱惑，对于池中鱼来说，就是钓钩上的饵；对于仓中鼠来说就是夹子上的肉。得之愈切，亡之愈速。在现代企业的大环境中，更是如此。

湘江岸边居住的百姓都善于游泳。一天，江水突然上涨，有五六个人乘着小船渡江。渡到江心时，船破了，船上的人纷纷游水逃生。其中一个人尽力游泳但仍然游不了太远。他的同伴们说：“你最会游泳，现在怎么落在后面了？”他说：“我腰上缠着一千文钱，很重，所以落后了。”同伴们说：“为什么不丢掉它呢？”他摇摇头不回答。一会儿，他更加疲倦了。已经游过河的人站在岸上，又呼又叫：“自己都快淹死了，还要钱财干什么？你简直愚蠢到了极点！”他又摇摇他的头。不消片刻，那人便消失在湍流中。

“英雄难过美人关”、“马不吃夜草不肥”，这些话都是失败者在诱惑面前的托词和借口。这两句话不知道让多少人一失足成千古之恨！罂粟花的外表是美丽的，但内里却是剧毒无比。

某大公司准备以高薪雇用一名小车司机，经过层层筛选和考试之后，只剩下三名技术最优良的竞争者。主考官问他们：“悬崖边有块金子，你们开着车去拿，觉得能距离悬崖多近而又不至于掉落呢？”

“二公尺。”第一位说。

“半公尺。”第二位很有把握地说。

“我会尽量远离悬崖，愈远愈好。”第三位说。

结果这家公司录取了第三位。

故事情节很简单，结果却令人感到意外。一个看到金灿灿的金子却无动于衷甚至后退的人是傻子吗？不，他能在应聘中笑到最后就足以说明他一点也不傻。面对金子或者是面对诱惑，他首先考虑的是自己的生命，因为他知道，离悬崖越近，他的生命受到的威胁就越大，相比生命的可贵，金子显得微不足道，拿生命做赌注去取金子太不值得了。所以，他选择了远离悬崖，选择了放弃，纵使那闪亮的东西充满着诱惑，散发着光芒，他毅然选择驾车离开悬崖。

这个人不失为一名智者，他聪明地抵制了诱惑，也等于拒绝了毁灭。相比之下，前两者可以称之为“亡命徒”了。他们一听到悬崖边有金子，只想着往前冲，根本没有想到可能产生的严重后果，将车开向悬崖的话，一不小心就有可能跌入悬崖，那就是粉身碎骨，死无葬身之地的可怕后果。这种时候，不要存有侥幸心理，持一颗平常心，聪明地放弃，你才可能赢得更多收获，甚至是生命。

善良的七仙女明白了，她抛弃瑶台仙界锦衣玉食无忧无虑的生活，丢弃高高在上的公主身份，毅然决然的飞向穷小子董永，从此，写下七夕鹊桥相会这美丽浪漫的神话；红脸的关云长听到了，在曹操的金玉美人面前不为所动，毅然骑上千里马，过五关斩六将，继续着桃园三结义的故事；朴实的邓稼先看到了，他摒弃国外优厚的物质待遇，义无反顾的回到百废待兴的祖国，用“两弹一星”开创了历史的新纪元。

他们用自己的行动乃至生命向我们揭示了要经得起诱惑这个道理。遗憾的是，有许多人为着眼前的蝇头小利或为图片刻欢娱刺激而不顾一切，他们看不到隐藏在诱惑后面的重重危机，经常捡了芝麻，丢了西瓜，当然做不成什么大事。只有经得起诱惑，用坚韧的毅力克制欲望，在忍耐中发展，才能成就一番事业。

人生总要经受诸多诱惑与磨难，只有在风雨中历练过的人生才值得回味和骄傲，没有超越的人生是不完整的。生活本身就充满了诱惑。正是有了诱惑，我们才有了拒绝诱惑的信心和勇气，才会不断克服诱惑，解决问题，也才从中感受到生活给予我们的无限乐趣。每一位员工都要增强自身对于诱惑的免疫力。

欲望是罪恶的根源

无尽的贪欲是罪恶的根源，无怨无悔的人生必须正视现实。随遇而安，知足常乐，少一点痴心妄想，多一份踏实宁静，做一个高尚的、纯粹的人。须知浮华如烟云，人生如过客，只有珍惜人生，才能善待人生。

“知足者常乐”，并非是叫我们安于现状，而是要求我们正确权衡与处理自己的需求，不要让过分的需求扰乱生活、影响人生。罗马政治家、哲学家塞尼加说：“如果你一直觉得不满，那么即使你拥有了整个世界，也会觉得伤心。” 这句话是对“知足”二字的最好注解。

老子曰：“罪莫大于可欲。祸莫大于不知足。咎莫惨于欲得。故知足之足，恒足矣。”贪欲历来是人性的大敌，是罪恶的根源，是灾难的祸首。正所谓“知足常乐”做人要知足就体现在此。倘若因了贪欲而锒铛入狱，那还不如清贫一世活得潇洒；倘若因了贪欲而丢掉性命，那还不如知足常乐乐得自在。放纵欲望使人难于迷途知返，陷得愈深，愈是忧心忡忡，纵然有一时的畅快淋漓，怎抵得上终生的心安理得？相反，知足之人一生坦荡，安于所有，心底无私天地宽。故得之：与其苟且荣华，不如一生安然，做人必要知足。

清朝的和珅，最初也是一个不可多得的人才，从小就显露出与众不同的聪明才智，经过多年的努力，才有了出头之日，受到皇帝的重视，官越升越高，钱也越来越多，心也越来越贪婪，终于一发不可收拾，断送了自己的性命，大贪官的臭名传到今天。总之，人活着，追求功名、权力、金钱、地位本也无可厚非，但不论追求什么，总要适可而止。如果让贪欲牵着鼻子走，最终一定会走向万劫不复的深渊。

上述故事中的悲剧是欲望和贪婪引发的，每个人都有欲望，这无可厚非，有节制的欲望可以成为我们前进的动力，永无止境的欲望则演变成了贪婪。贪婪一旦在心中恣意横行，那么悲剧也就上演了。纵观那些落马官员，他们曾经也是任劳任怨、兢兢业业、奋发有为的好干部，也曾经想以此报答党和国家，服务人民大众。但随着手中权力的增大，他们的欲望越来越多，曾经的抱负、人生的价值在欲望面前显得那么微乎其微，最后，当贪婪主宰了他们心灵的全部时，在名利面前倒下是必然的结局。所以作为现在企业的员工，一定要警惕这些，使自己的人生不后悔。

拿起幸福放下快乐

在这个高速发展、物欲横流的社会，人们的生活就是这样周遭于世，整天盲目地忙，唯恐自己今天不忙，明天就会落后于别人。看着别人买新房了，眼红；看着别人换新车了，眼红；看着别人交上漂亮女朋友了，眼红，等等，生活中人们总有意无意地去与别人比较。

人从出生伊始，就被迫与别人比较。刚出生，要看谁家孩子又白又胖，否则爸爸妈妈没面子；小孩上学了，要比较谁家孩子学习成绩好、谁家孩子上的大学好，否则难以光宗耀祖；参加工作了，要比较谁的工作有权有钱有地位，否则谈不上是有出息。家人比、朋友比、自己比、不相干的人也比，我们就是这样，在一步步的比较中或是主动或是被动地接受了传统观念中出人头地的思想，殊不知，这已经忽略了活着的意义了。

小林来自农村，是他们村里的第一个大学生，毕业参加工作后，他第一次回老家，于是，给他父母买了新皮衣，花了1800元钱，这是他两个月的工资。毫无吝惜地就花销掉了，他知道，这会让村里的人羡慕不已，他能感受得到这种荣耀。果然，村里的人都羡慕不已，说他有出息，便问他，在城里每个月赚多少钱，他想说900元，可话出口却变成了3000元。有一个亲戚便向他借钱，他慷慨地拿出了5000元钱，没有人知道这5000元钱是他向同事借的，他为此需要花一年的时间去偿还这笔债务。

后来，小林在城里参加了一个同学会，他发现同学们的女朋友都十分漂亮，而且工作单位都不错，而他的女朋友是与他一个厂的，相貌平平，且只有高中学历。

聚会后不久，小林便和深爱自己的女友提出分手。很快就和一个漂亮女孩子谈起了恋爱，漂亮女孩有大专学历，也有一份好工作。但是，她是在被情人抛弃的时候和他相识的，她为她的情人堕过几次胎，不久她又和她的情人重归于好，让他不堪忍受，更甚之，她的情人是个有妇之夫。小林想离开她，却无论如何也下不了决心，因为她太漂亮了，小林曾带着她去见过很多朋友，他不想被朋友看低。

于是，小林和她结婚了，但是她仍然和情人保持着暧昧关系。女儿出生后，小林发现女儿的血型和他不符，他明白这意味着什么。他欲哭无泪。但在朋友们面前，却仍然一副幸福的样子。多年后，朋友们都在城里购了大套住房，可是小林和他的漂亮老婆仍然住在单位的小套房里。他不想让人看低，拿出全部的积蓄作为首付购了幢价值30万元的住房。每月需要支付2000多元的按揭款，小林只得依靠那个“身在曹营心在汉”的妻子的工资来生活。

坚持付了一年的按揭款后，小林发现自己已经无法支持下去了，他想卖掉那幢住房。以减轻生活的压力，但他又怕被朋友们看低，进退不是、积郁难解，患上了严重的抑郁症，那个漂亮的老婆索性就搬走了。最后，他疯了。

人为什么活着？余华说：“人是为了活着本身而活着，而不是为了活着之外的任何事物所活着。”胡适说：“生命本身没有什么意义，你要能给它什么意义，它就有什么意义。与其终日冥想人生有何意义，不如试用此生做点有意义的事。”

生活中，我们经常可以听身边的朋友感叹生活节奏紧张，周围压力增加，于是生出许多烦恼和不快。身居闹市的我们，心情越来越难以驾驭，整天被名缰利锁缠身，肩负着不断追求名誉、金钱、权势等太多的负累，于是幸福感离我们越来越远，不快乐渐渐成了一种习惯。

为什么物质生活越来越丰富，幸福指数却越来越低，我们越来越不快乐？幸福和快乐到底有没有秘诀？怎样才能拥有幸福和快乐呢？答案很简单。那就是：人生要懂得如何做加法与减法。

现代企业的每一位员工请记住：拿得起，放得下，举轻若重，举重若轻，收放自如；拿不起，放不下，丧失信心，殆尽希望，心力交瘁。该拿时，毫不犹豫；该放时，顺其自然。拿起应该拿的，放下必须放的；放下必须放的，再拿起应该拿的！人生最大的挑战是拿得起，生命最大的安慰是放得下。拿得起是勇气，放得下是超脱；拿得起是智慧，放得下是哲学；拿得起是幸福，放得下是快乐。

工作不仅仅是为钱

在这个竞争激烈的社会，特别是在经济危机的影响下，对于大多数人来说，工作是为了获得一份好的收入，可以养家糊口，可以过上更好的生活。工作是谋生的手段，是物质生活的保障。

其实在工作中，我们不仅能获得物质的需求，更能寻求到一种归宿感。我们需要通过工作参加到某个团体中去，并成为其中稳定的一员，这样就会使人有一种归属感。与有工作的人相比，失业或者退休的人，还有那些从来就没有工作过的人可能会更经常地有一种茫然感或者失落感，他们对自己的认识和评价总是模糊不清。正在工作着的人常常充满自信，对自己有客观公正的评价，因为工作能使人找回自尊，并获得他人的尊重与承认。这种寻求自尊与他人尊重的需要也是工作动机的重要驱动力之一。

年仅30岁的张力已经在一家跨国公司里工作了8年，其间，他用了5年的时间从一个实习生手脚并用地爬到了部门经理的位置。要知道，在他们这家外国公司里，部门经理已经是中国籍员工可以达到的最高位置了。

做了3年的部门经理，一切对张力来说已经驾轻就熟。但是，这种过于安逸的生活不仅没有让他感到轻松，反而使他越来越烦躁，他不知道在以后的20年中，他的明天是否永远将是今天的拷贝。他也想过自己创业或换家公司，但却无法割舍这里优厚的薪酬。在这种矛盾的状态下，张力变成了被惯性推着走的、没有方向的人。

很多白领患上职业倦怠症的一个重要原因是缺乏人生的方向与目标，整天干着没有设计图的搬砖似的工作。要想摆脱这种困境，应立即作一个生涯规划，确立人生的大方向与目标，寻找到在工作中的自我定位。如果清楚自己要成为什么样的人、想过什么样的生活，你即使一路走来颠簸失意，也不会因一时失落觉得疲惫不堪、抱怨连连。这时候就应该为自己设立新的目标，重燃工作的激情。

工作绝不能简单为了报酬，还是一种对自我完善的不断追求，是为了实现理想而不断努力奋斗的载体。很多人即使没有工资也依然热情高涨、精神百倍地忙碌着（例如当义工），是因为他们清楚自己的人生定位，从工作中找到了人生的价值和乐趣。

如果我们把工作视为需要，把工作看成是实现人生价值的途径，那么我们就完全有可能在平凡的工作中发现趣味。这样的话，一个教师就会像导演一样精心设计他的每一堂课；一个记者就会以全新的视角去看待他报道的新闻事实；一个厨师就会以艺术家的执著去配制他一流的拼盘。因此，我们要学会从工作中寻找价值。工作不仅是一种谋生的手段，更是发展自己潜能与天赋的机会，可以让我们过得更快乐。

第九章
信誉：有其言无其行君子之耻

诚信是我们的立身之本。信守承诺、讲究信誉的人，对企业讲诚实，守信用，对人民、社会负责不失人格。一个不讲信用的人，很难立足于社会；一个不讲信誉的企业，很难受国民欢迎，也很难享誉世界。

力争做到言必行行必果

诚信不仅是一种品行，更是一种责任。人无诚信不立，业无诚信不兴，成功需要一个优秀品牌，而品牌需要诚信来造就。

对于每个社会成员而言，诚信是立身之本、处世之宝。人生立于世间数十年，必须不断学习，以获得知识、积累知识，知识既是个人谋生的工具，也是个人为社会服务的工具。但是，要真正做个对社会有所贡献的人，光靠知识是不够的，还必须有正确的价值观去指导，否则，知识也可能成为滋生罪恶的工具。诚信精神就是培养人的高尚道德情操、指引人们正确处理各种关系的重要道德准则。个人以诚立身，就会做到公正无私、不偏不倚，讲究信用，就能守法、受约、取信于人，就能妥善处理好人与人、个人与社会的关系。

俄国作家班台莱耶夫写过一个叫《诺言》的小说，讲述了这样的一个故事：

一群小孩在公园里玩战争游戏，一个大孩子对新来的一个七八岁的小孩说："你是中士，而我是元帅，你就得听我的。这里是我们的'军火库'，你留在这儿做哨兵，等我叫人来和你换班为止。"

"中士"很听话地一直坚守岗位，但是天黑的时候，其他的小孩都回去了，大家把这个"中士"遗忘了。公园快关门的时候，

“中士”还坚守岗位，他又冷又饿，还很害怕，却不肯离开公园。一个路人看到这种情况，在街上找来一个真的少将，让少将帮忙。少将对孩子说:“中士同志，我命令你可以离开岗位。”“中士”这才高兴地说:“是，少将同志，遵命离开岗位。”

这是一个经典的“言必行，行必果”的故事，作为一个孩子，都能做到如此信守承诺，难道不是很了不起的行为吗?现代企业的每一位员工理当如此。

诚信是为人之道，是立身处事之本，是人与人相互信任的基础。讲信誉、守信用是我们对自身的一种约束和要求，也是别人对我们的一种希望和要求。如果一个人不能诚实守信，那么他所代表的社会团体或是经济实体就得不到人们的信任，无法与社会进行经济交往，或是对社会缺乏号召力和响应力。因此，诚实守信不仅是社会公德，而且也是任何一个员工都应遵守的职业道德。

能否兑现自己的承诺，不仅有自己努力的程度问题，还有受到客观条件限制的问题。有的时候原本能办成的事情，因为客观条件的变化，在实施上出现了问题，就可能难以落实。所以那些明知无法办到的事情就不要承诺能做到，千万不要为了所谓的“面子”打肿脸充胖子。因为这样做不但会失信于人，还可能失去朋友。

丁文常常向同事夸口自己的本事，说认识某某人之类的话。一次同事拜托丁文买黄金假期的飞机票，他答应没问题，可是几天后却告诉别人票拿不到。同事们都以为是因为假期的缘故，票不好买，就没有在意。几个月后，部门的经理让丁文去火车站托运行李，丁文说他不用花钱就可以托运，可是都快到开车的时间了，大家还是没等到丁文，经理只好自己掏钱办了托运手续。这件事情之后，大家终于明白丁文根本是个只说不做的人，他答应的事情其实都做不到。在公司里没有人愿意再相信丁文。不久以后，他被公司辞退了。

守信的人是品德良好的人，他们能在约定好的条件下，做到“言必信，行必果”，因为他们遵守承诺值得信赖，所以是人们信任和求助的对象。懂得守信的人，也是懂得尊重自己的人，别人可能被你“欺骗”一两次，但绝对不能永远被骗，迟早你会因为自己不守承诺而失去大家，成为公司边缘化的人。

企业诚信对于促进社会主义经济社会全面发展具有重大的现实意义，进一步加强诚信建设是现代企业的现实责任，企业员工要及早树立这种诚信意识，争取让自己做到言必行行必果。

诚信是一笔丰厚的存款

商业领域有个信条：“顾客就是上帝，满意的顾客是最好的广告。”一个成功商人尽可能做到不让一个顾客失望，这是准则。不满意的顾客不是回头客。任何一个员工，假如顾客对他没有信任感，对他的自尊心是一个巨大的伤害。现代企业中员工的诚信显得更为重要。

在信任发生危机的时下，善良的人们普遍呼唤诚信的回归，全社会也极力倡导诚信风行天下。一个区域、一个社会、一个民族甚至整个世界缺失了诚信，面临的将是生存危机。这远比沙尘暴、“厄尔尼诺”现象所带来的自然灾害更可怕，更具威胁性。俗话说：“人无信则不立”。可见诚信在远古时期，便被人们所普遍认知和尊崇了。

无论是经济高度发达的社会，还是尚在发展中探索的地区，诚信都不可或缺。贪图蝇头小利而失诚信，无疑是丢了西瓜捡个芝麻，因为失去的是一笔无形的财富，是一生也花不完的“经济资源”。

如果人们在商业交易中都很真诚，讲真话，那么双方的合作就不会破裂。“不要相信那个做人不诚实的人。”劳伦斯·斯特恩说。同样的道理，难道我们会相信那些根本就不诚实的人吗？商业交易需要双方都做到正直诚实。当人们不再互相信任的时候，就永远不会达成交易了。

圣•路易斯银行主席在一次银行家会议上说："成千上万美元借出去了，唯一的抵押品就是信誉。有的人虽然不富有，但却有高贵的品质。他们借款从来不超过自己的承受能力。"当他被问到做小生意的人的偿还能力时，他是这样回答的。另一个银行家说得更加明了："我宁可借钱给那些诚实的穷人，也不愿借钱给不诚实的富人，虽然这些富人有很强的偿还能力。"这些话表明，精明的商人非常重视商业信誉。信誉就是资本，而且是每一个人都可以拥有的资本。

一群印第安人围住一家新开的店铺，只看不买。当地的印第安酋长来了，他对店主说："把你的货物拿来看看。啊哈！我要给自己买一条毯子，给我的妻子买一块印花布……我的毯子需要付三块貂皮，印花布需要付一块貂皮。这样吧，我明天给你。"

第二天，酋长背着一个大包来了，包里全是貂皮。"嗨，我给你付账来了。"他从包里抽出四块貂皮，放在柜台上，稍稍犹豫了一会儿，他又抽出第五块，这是一块特别珍贵、特别稀有的貂皮，他把它也放在柜台上。"已经够了，"约翰把它推回去，"你只欠我四块貂皮，我只收下我应得的。"他们为四块、五块的事推让了半天，然后酋长的脸上露出了满意的神色。

酋长把第五块貂皮放回包袱里，看了看店主，然后跨出门去，朝他的族人喊道："来吧！来吧！跟他做买卖吧，他不会欺骗我们印第安人的！他不是个贪心的人！"

酋长又转身对店主说："如果你刚才收下最后一块貂皮，我就会叫他们不要跟你打交道，我们还会赶走其他顾客。但是现在，你已经是印第安人的朋友了。"

天黑之前，这家店铺就堆满了毛皮，店主的抽屉里也塞满了现金。

为什么很多公司的字号沿用数十年甚至数百年前的人名呢？因

为它暗示着正直的品格，表明可靠的信用。

个别企业过于强调物质利益，淡漠社会责任，把诚信道德和诚信意识的培育远远抛到了脑后，造成了精神与物质发展的不匹配，致使社会陷入不讲诚信的恶性循环，诚信问题日益凸显，假冒伪劣、欺骗违约、虚假广告、坑蒙拐骗现象屡禁不止，诚信已经成为关乎整个经济社会健康发展的重要问题。

作为现代企业的员工，我们要把诚信作为一种优良的传统把它继续的延续下去。一个国家或民族的文化发展和道德进步。除了要注意继承和弘扬本民族文化和道德的优良传统之外，还必须积极吸收其他民族文明的优秀成果。在说或做事方面要注重诚信，诚信地对待自己，诚信地对待他人，这是对自己的尊重，也是对他人的尊重。诚信也是我们做好事情的有力保障，一旦我们失去了诚信，那就等于失去了支持和信用，那还能成功的办好事情吗？我们每一个人应该注重诚信，把握这笔财富，把诚信牢记于心。

诚信是成就梦想的基石

如果一个人说话不算数，是不会受到别人的信赖和欢迎的。一个商家做出了承诺而不兑现，就会受到客户的投诉带来舆论压力。说到就一定要做到，这不仅是做人之道，也是做事之道。

恪守诚信好比储蓄，它储蓄的是别人对你的认同，是领导对你的信任，是同事对你的认可，是你长期言而有信所形成的个人信用。恪守自己的信用，就是对你储蓄资产的保值增值，让它取之不尽，用之不竭。对此，你应该对别人说到做到，对领导说到做到，对同事说到做到，用说到做到去储蓄自己的个人信用，去实现自己的人生价值。

美国IBM计算机公司发展迅速，近百年而不衰，靠的是公司服务人员在工作中高度的责任心和恪守诚信的美德。一天，菲尼克斯城的一个用户急需重建多功能数据库的计算机配件，公司得知后，立刻派一位女职员送去，途中遇到倾盆大雨，河水猛涨，淹没了沿途的14座桥，交通阻塞，汽车已无法行驶。按常理遇到这种特殊情况，女职员完全有充分的理由返回公司，但她并没有这样做，她想的是公司已经答应了客户，无论如何也要做到。此时若自己返回公司，公司的信誉就可能受到损害，想到这，她利用原来存放在汽车里的一双旱冰鞋，滑向目的地。平时开车只需二十几分钟的路程，却变成了4个小时的跋涉。女职员到达用户所在地后，又不顾旅途的疲劳，及时解决了用户的难题。

IBM公司正是以工作人员负责的态度和诚信的行为，赢得了广大用户的赞誉。

诚信的力量是巨大的，它可以帮助你在未来社会立足、立业。它可以帮助你打造个人的信誉品牌，使你在日益激烈的社会竞争中把握机遇、发挥优势、追求卓越。诚信是个人事业的支柱，是最好的竞争手段。你要让你的信用作名片，走进每一个与你打过交道的人心中，让他们信赖你，觉得你是一个诚实可靠的人。诚信会让你在竞争中立于不败之地。

消费者认识企业也许是通过广告宣传、媒体报道、亲朋介绍等方式，但对企业最直接、最关键的认识是通过产品。无论过去企业给消费者留下的是什么印象，消费者只有亲眼看到产品才直观认识产品，只有亲自使用产品才相信产品。如果消费者对产品的感受与过去企业宣传相符，那消费者就相信企业的广告宣传是真实的，也会相信企业是诚信的。

一个企业家说，只有当销售把顾客当做一个什么都不懂的人，才会讲得清楚到位，也不会因为顾客的问题低级而态度怠慢。一个农民来信说自己的冰箱坏了，海尔集团马上派人上门处理，还带了一台新冰箱，赶了200多公里路到了顾客家，一检查是温控器没有打开，打开温控器就一切正常了。海尔管理层就此进行认真反思认为，绝不能埋怨顾客，要从自身找毛病，要把说明书写得让所有人都读懂才行。

诚信是道德之首，于国家而言是立国之本，于企业而言是立业之本，于个人而言是立身之本。诚信是市场经济的基石和灵魂，没有诚信就没有市场秩序，没有诚信就没有公平交易，没有诚信也就没有市场的健康发展。

每一个现代企业的员工，要想成就自己的梦想就必须以诚信为基石，踏踏实实、埋头苦干一步一步走向成功。

莫把承诺当做空头支票

说话不算数、打折扣，就等于降低了自己的人格，再要弥补可就难了，所以不要轻易答应自己可能做不到的事情，好比不能轻易地做出承诺一样。

当身边的人托你办事时，你脑子里一定要清楚这件事是否在你的能力范围之内，假如事能办下来还要考虑能否漂漂亮亮地办下来。把自己的能力和事情的难易程度以及事实存在的客观条件横向权衡一下，再做出答复，千万不能不做任何考虑就满口答应。

某地区进行教师职称评选，一位年级主任对很多年轻教师做出承诺，保证他们都能如愿晋级，但是当他向上级申报时问题出现了，由于名额有限，不可能把一大部分名额全给一个学校，他的申报不能全部批准。这位主任据理力争，跑断了腿，说破了嘴，事情还是没能像他当时的承诺那样圆满解决。而他碍于面子又不好意思把事情的真相告诉在学校里等待好消息的老师们。只好硬着头皮说："没问题！我答应的事情一定能办到！"

最后评定结果令大家大失所望，所有的矛头都指向了他，甚至有人当面问："我的职称在哪里？办不到的事就不要下承诺。"以后这位"热心"的年级主任在学校里失去了名誉和他人对他的信任。

“你的承诺和欠别人的一样重要。”这是人们的普遍心理。当你要应承别人某一件事时，你一定要三思而后行。如果承诺某种事，就必须办到；如果你办不到，或不愿去办，就不要答应别人。

在承诺时，要留有余地。在生活中，有许多人都把握不了承诺的分寸，他们的承诺很轻率，没有留下丝毫的余地，结果却不能实现。而留有余地，也不是给自己不作努力寻找理由，自己必须全力去兑现诺言。

生活中、工作中、感情中，有多少人都会犯这样的错误，一味地承诺，最终却没有实现，让别人失望，也让自己失信于人。

诚信，自古以来就是中华民族的传统美德。古往今来，有多少人为我们树立起诚信的榜样。诚信无小事。我们都知道诚信最重要，可有些人却不知道。在《做一个有道德的人》书中，里面写到关于诚信的一件小事：

一个小伙子到了外国，发现那里的地铁与国内有些不同：没有检票机、没有检票员，于是他就总是逃票，为自己的“聪明才智”而沾沾自喜。后来，还是被抓到了两次，但每一次都会找理由来安慰自己。后来，他到公司里去应聘，可就是因为他曾逃票而被很多公司给拒绝了。回国以后，他努力奋斗成了一名小有名气的教授。他给学生们的第一课就是：别拿诚信开玩笑。

现代企业的员工要遵循“言必出，行必果”、“君子一言，驷马难追”等古训，时时刻刻提醒着自己做人要“诚信”，“诚信”二字重千斤，不要轻易承诺别人，既然承诺就想办法做到兑现，否则就等于是自降人品。

骗的是芝麻丢的是西瓜

民无信不立、业无信不兴、国无信不安。把诚信建设摆在突出位置，是构建社会道德体系题中应有之义，是促进社会和谐稳定的必然选择，是解决现实生活中存在突出问题的迫切要求。

据商务部提供的数据显示，中国企业每年因信用缺失导致直接和间接经济损失高达6000亿元，其中因产品质量低劣造成各种损失达到2000亿元。诚信缺失，使传统的诚信美德遭受严重扭曲，最终迷乱了本该恪守的企业经营道德，企业自己也付出了惨痛的代价。无数企业的发展事实表明，无论是经济高度发达的社会，还是尚在发展中探索的地区，诚信都不可或缺。

对于企业来讲，诚信已成为一种无形资本，成为生产和经营的要素。贪图蝇头小利而失诚信，无异于丢了西瓜捡个芝麻，因为失去的是一笔无形的财富，一生也花不完的“经济资源”。

曾经，海尔为了质量、为保诚信，发生了“砸冰箱”事件，“砸”出了一个响当当的、全球化的品牌。可见，在市场经济中生存的企业，其诚信行为将赢得社会或他人对其生产、经营、服务诸方面品质给予的认可和支持。

有人说过：“一个人失去了金钱，他只失去了一点点而已；失去了健康，也只是失去了一小部分，但一个人若失去了诚信，那么他就几乎一无所有了。”

在生活中，每个人都会在迫不得已的情况下撒谎，或者在某种事物的诱惑下，又有谁能抗拒得了自己的侥幸心理。人最大的敌人只是自己，所以想要做到诚信二字，最重要的就是战胜自己。

诚信是最重要的道德品质，一诺千金，是对道德的许诺；生死相许，是对爱情的忠贞。诚信，最终也能成就自己，造福他人。现代企业的员工一定要谨记这些，切莫做捡了芝麻丢了西瓜的傻事。

有一种幸福是值得信赖

人与人之间需要信任，特别是在当下功利味道越来越浓的社会中，彼此间的信任显得异常珍贵。相互之间多一些信任，少一些猜疑，生活就会变得更加美好。被人信赖是一种幸福，这种幸福感源自别人对自己的肯定，源自情感的呼应。

当今社会，人与人之间的关系发生了很大的变化，人与人之间的信任被打上了问号。不是我们多疑多虑，是社会上的恶习所致。如今行走社会需要当心，网络诈骗，电话诈骗，一不小心就掉进陷阱里。

信任是对人最好的尊敬。世界上最珍惜的是友情，而信任是友谊之花常开的基础，朋友之间的信任远远胜于黄金，在让朋友帮忙，委托朋友办事时，绝不能轻易怀疑朋友的能力和品格，不然的话，就会在铸成大错的同时，也失去了朋友。

一艘货轮在烟波浩渺的大西洋上行驶。在船尾做勤杂工的黑人小孩汤姆不慎跌落大海。汤姆大喊救命，无奈风大浪急，船上的人谁也没有听见，他眼睁睁地看着货轮托着浪花越来越远。

求生的本能使汤姆在水里拼命地游，他挥动着瘦小的双臂，努力使头伸出水面，睁大眼睛盯着轮船远去的方向。船越来越远，到后来，什么都看不见了，只剩下一望无际的汪洋。

汤姆力气也快用完了，实在游不动了，他觉得自己要沉下去了。放弃吧，他对自己说。这时候，他想起了老船长，不，船长知道我掉进海里，一定会来救我的！我不能放弃。汤姆鼓足勇气用生命的最后力量又朝前游去……

船长终于发现汤姆失踪了，当他断定孩子是掉进海里后，下令返航，这时，有人说：“这么长时间了，就是没有被淹死，也让鲨鱼吃了。”船长犹豫了一下，还是决定回去找。又有人说：“为一个黑人孩子，值得吗？”船长大喝一声：“住嘴！”

终于，在汤姆就要沉下去的最后一刻，货轮又回来了，被救起的汤姆苏醒后，跪在地上感谢船长救命之恩。船长扶起汤姆问：“孩子，你怎么能坚持这么长时间？”孩子回答：“我知道你会来救我，一定会的！”“你怎么知道我一定会来救你呢？”“因为我知道您是那样的人！”听到这里，白发苍苍的船长泪流满面：“孩子，不是我救了你，而是你救了我啊！我为我在那一刻的犹豫而感到羞耻……”

人与人之间需要信任，特别是在当下这样一个功利十足的社会中。相互之间多一些信任，少一些猜疑，生活就会变得更加美好。被人信任是一种幸福，这种幸福感来源于别人对自己的肯定。这种幸福，值得我们用一生的岁月去珍藏。被人信任会产生一种力量，被人信任是一种幸福。我们是不是都是被信任着呢？让我们抽出时间想想这个问题吧。

把公司形象放在第一位

任何企业都有一个属于自己的独特形象。良好的企业形象可以使企业在市场竞争中处于有利地位，受益无穷；而平庸乃至恶劣的企业形象无疑会使企业在生产经营中举步维艰，贻害无穷。企业形象不仅靠企业各项硬件设施建设和软件条件开发，更要靠每一位员工从自身做起，塑造良好的自身形象。因为，员工的一言一行直接影响企业的外在形象，员工的综合素质就是企业形象的一种表现形式。

员工走出公司的一举一动，无不在外人的眼中影响着企业的形象，员工的形象也就是企业的形象。特别是在客户的眼里，员工给客户自信的感觉犹如企业给客户公司实力的感觉，员工的谈吐影响着企业的信誉

孟子说："君子慎独。"品德高尚的人，即使独处，也能严于律己，自我约束。诱惑常常是对我们自制力的最佳考验。要提高自己的自制力，在诱惑面前，我们需要从心出发真正地坚守正直的原则。

美国新奥尔良市的考克斯有线电视公司中有一位年轻的工程师，名叫布莱恩·克莱门斯，他的工作地点是在郊区。有一天早上，克莱门斯到一家器材行去购买木料。正当他等待切割木料的时候，无意中听到有人抱怨考克斯公司的服务差劲极了。那个人越说

越起劲，结果有八九个店员都围过来听他讲。

布莱恩当时有好几种选择。其实他正在休假，他自己还有事情要做，老婆又在等他回家。他完全可以置若罔闻，只管自己的事。可是布莱恩却走上前去说道："先生，很抱歉，我听到了你对这些人说的话。我在考克斯公司工作。你愿不愿意给我一个机会改善这个状况？我向你保证，我们公司一定可以解决你的问题。"那些人脸上的表情都非常惊讶。布莱恩当时并没有穿公司的制服，他走到公用电话旁，打了个电话回公司，公司立即派出修理人员到那位顾客家中去等他，帮他把问题解决，直到他心满意足。后来布莱恩还多做了一步，他回去上班后，还打了个电话给那位顾客，确定他对一切都心满意足。布莱恩事后受到了公司负责人的高度赞扬，并号召公司全体员工向布莱恩学习。

一个员工如果没有维护企业形象的意识，他肯定是一名不合格的员工！作为企业的一名员工，不管走到哪里，始终都要记得自己是什么企业的员工，记得维护公司的形象，这是作为公司员工的基本职业道德！只有企业发展了，员工的工资待遇才能更上一层楼；只有企业的社会声誉提高了，员工走在大街时才会有一种荣誉感。身为企业员工要时时关心企业发展，处处维护企业形象。

好信誉好名声出好结果

2005年美国哈佛大学商学院取消了119名申请者的入学资格，理由是这些申请者在学校发放录取通知书之前，使用“黑客”手段侵入学校网站偷看录取结果。校方表示，商学院培养学生的标准是：品格正直、判断力准确且道德高尚，而那些侵入网站的人没有通过这一道德测试。可见美国商业学校已经越来越重视培养学生的诚信操守。

诚信是我们经常放在嘴边的一个词。但是，有多少人能做到诚实守信呢？经常会听到同事们在一起讨论诚信的事情。有人常常笑老外傻：当我们和外国人做生意的时候，货都没有发过去，他们的订金或大笔的预付款就打过来，如果我们不给他们发货，骗一把他们不是亏死了吗？

周大虎是温州有名的打火机制造商。在他成名之前只拥有个小工厂。周氏打火机的主要销售市场是美国。有一批数量庞大价值达90万美金的高档打火机因为没有考虑到海运造成的气压问题，以至于到达美国后，这批打火机火焰太大，全部成为不良品。美国那边的代理商要求退货。周大虎的损失不言而喻，要么不做这笔生意，要么再亏90万美金。对于一个小厂来说，很多领导的选择是一目了然的，而周大虎力排众议，从银行再次贷款，重新为客户生产，美国代理商明白了周大虎的现状危机，被他的诚信感动。悄悄为他注入100万美元的资金，并为他举荐了欧洲最大的打火机代理商。从此，周大虎打火机行销全球，声名鹊起。

诚信是人类最宝贵的财富，是人与人交往的桥梁，更是成功的基础。让诚信常伴在我们的左右。诚信是一家公司的无形资产，它将随着时间的推移、产品的发展而发展。事实上，一个人的成功也无不和诚信相连。失去了诚信，就失去了做人的最起码的本质。没有一个人愿意和没有诚信的人或公司打交道。在这样一个信息社会，失去了与人打交道与人为善的机会，何谈成功之道？

一位南方人在单位门口修表已有十多个年头了，我们都称他为蒋师傅。离这三四里路的居民，大多都到他这里来修表。有的搬迁到较远的社区去住之后，手表坏了，还专程乘车找他来修。他们异口同声地说："蒋师傅修表技术好，配件正宗，价格公道，不坑人。"由于信誉好，货真价实，一传十，十传百，相互介绍推荐，慕名前来修表的络绎不断。

观察过几次，前来修表的人，把表交给蒋师傅讲清修的原因，蒋师傅打开表后盖，稍做检查，小毛病当场等几分钟就修好了。需要更换精细零件的，蒋师傅讲清原因、零件（进口、国产）价格，让顾客决定。顾客从不还价，也不查看零件真假，讲好什么时间来取就走了。在闲聊中曾问过蒋师傅，他们为什么不还价，也不辨别一下零件是否正品？蒋师傅说："修表干得是良心活儿，要讲信誉，该多少钱，就收多少钱，不能以次品代替正品，也不能用伎俩骗人。信誉好了，来得人就多了。"

市场经济下市场的占有率是靠信誉来实现的，骗人一时骗不了长久。事实说明，要想占有市场，要想赢得长远利益，就必须把信誉放在第一位。从小处说，蒋师傅正是靠信誉这个无声广告，赢得了良好口碑，形成了自己的修表小市场；从大处讲，一个企业要占有市场，创建自己的品牌，更要靠信誉，靠良好的企业形象。无论是企业还是员工，一旦有了好信誉好名声自然就会有好结果。

第十章
感恩：懂感恩工作积极不抱怨

感恩是一种美德，是一种态度，是一种信念，也是人生的一种使命。一个懂得感恩的人，才能成就完美的人生和事业的高度。反之，一个没有感恩之心的人的生命是畸形的。“滴水之恩，当涌泉相报”，学会感恩，学会关心企业，才能与企业同舟共济。

懂得感恩的人不抱怨

学会感恩，对一个人而言非常重要，它可以让你从另一个角度看问题、看待世界。那些懂得感恩的人，总会用感恩的心态做事，用感恩的心去对待身边的每一个人。懂得感恩的人，总是能在大批优秀人才中鹤立鸡群，他们很容易脱颖而出，因为命运总会偏爱他们。

一个不懂感恩的人，对世界上任何人、任何事都会怨恨。晴天时他会埋怨：太阳这么大，是不是要热死我，为什么不是雨天呢？雨天时则又发牢骚：这么冷，怎么不出太阳呢？即使四季如春，还是会埋怨节气不分明。这种人对天气、对环境、对人都不满意，在这个世界上，好像没有一个人、一件事是他需要感激的，总是处在怨恨的情绪之中，懂得感恩的人则会不断调整心态，努力工作，让自己生活更美好。

在今天这个激烈竞争的年代，拥有一颗感恩的心可以是你成为优胜者的条件之一。因为感恩不仅仅是你的个人品质问题，它更是属于一个人的一种能力。在工作中，懂得感恩的人会更受欢迎。因为懂得感恩的人才会视企业的财富如珍宝，才会小心呵护，不容别人糟蹋，时时想着维护企业的利益。试想，一个人能把企业的东西当成是自己家的一样去看待，领导将会怎样看待你呢？许多企业都面临着同样的问题：离开领导就不灵。当然这其中也有管理制度不完善的问题，但为什么他们的员工不能自动自发地工作呢？

曾经有一个领导就说得很对，他说，经历了这么多年的风风雨雨，他发现：如果一个人有能力，那他会是一个可用的员工，如果一个人懂得感恩，那他会是一个优秀的员工，如果一个人既有能力又有感恩的心，那么这个人你放手让他做什么都可以。这个领导说得的确有道理。对公司、对事业抱有感恩之心的人，不会找借口来推诿自己的工作，也不会做任何表面的工作来欺骗领导。他们会认为勤奋工作就是幸福，努力工作是对企业最好的回报，也是对自己对别人最好的交代。

那些不懂得感恩的人总是不会对你负责，也不会懂得回报，即使你付出再多，他们也认为这都是你应该做的，甚至认为做得还不好，还不够！他们总是认为自己所获得的一切与他人无关；所有的优待和报酬不仅是应得的，而且太少；工作嘛，马虎一点也没关系，只要能混下去就行了；他们内心冷漠，对待工作缺乏热情，总是抱着当一天和尚撞一天钟的心态。

与之相反是那些内心充满感恩的人。他们每天都希望能做出一些成绩来回报企业，他们会忘我地工作并乐此不疲，他们不会用报酬来衡量自己的工作，不会因回报的多和少而影响工作的质量和热情，不会斤斤计较个人的得和失。因为他们自己与企业同呼吸、共命运，不需要计较什么。

在工作中只要抱着一颗感恩的心，机会总会不期而遇地光顾你，命运之神也会特别关照你。从现在开始，让自己的内心充满感恩吧！

有感恩心才能担大任

一个人无论担任何种职务，做什么样的工作，他都应该懂得感恩，对其他人负责，这是社会法则、道德法则，也是心灵法则。懂得感恩的人更具有责任心。

懂得感恩的人，会清醒地意识到自己的责任，并勇敢地扛起它，无论对自己还是对社会都问心无愧。任何时候，我们都不能放弃肩上的责任，扛着它，就是扛着生命的信念。

家庭需要我们负责，因为责任让家庭充满爱；企业需要我们负责，因为责任让员工更有凝聚力、战斗力和竞争力；社会需要我们负责，因为责任能够让社会和谐发展。我们每个人都在生活中饰演着不同的角色。

一个有感恩心的员工，会执著而无私，敬业而忠诚，富有责任感和使命感；一个有着感恩心的员工，会把对企业的感恩转化为勤奋工作、刻苦学习、奉献企业的实际行动。

1994年，出生在一个普通农民家庭的程军荣在一次偶然的机会中，被招进某军工厂，成为一名工人。从农民到工人，程军荣的感恩之心溢于言表，因此倍加珍惜自己的岗位，认真做好自己的装卸工作。装卸产品是力气活，有的人搬累了就把产品随便扔到车上或指定的地方，他却坚持轻搬轻放，别人都干完活走了，他还拿把扫帚打扫周围的卫生。虽然并没有人要求他这样做，但他认为这些都是自己的分内工作，应该把它干好。也许在别人眼里，一个普通工人没必要对工作如此负责，可程军荣不这么看。数十年中，程军荣始终坚持着，并不断成长。

2004年，车间接到一批军品球型螺母和螺圈的加工任务，精度要求非常高，而且原料是硬度高、黏性大的特殊型号不锈钢材料，其加工难度可想而知。程军荣二话没说，就从车间领导的手里接过图纸。凭经验，他一眼就认定这批任务必须在数控车床上进行加工。当时，这批任务很急，外购专用刀具根本来不及，他决定再次接受挑战，自己手工磨制专用刀具。

在一些人看来，这几乎是不可能的事。那些天，他几乎是整天站在砂轮边，一边磨一边琢磨，一天下来连鼻孔都是黑的，双腿像灌满了铅一样沉重。值得欣慰的是，他凭借锲而不舍的精神磨制出了完全符合切削要求的专用刀具，圆满完成了任务，及时满足了部队的需求。

多年来，程军荣在自己的岗位上，刻苦钻研、认真负责，攻克了一个又一个加工技术难题，成为工厂最年轻的工人技师。2008年，程军荣光荣当选第十一届全国人大代表。

一个文化程度并不高的工人，对工作心怀感恩，踏实负责地做好了自己的本职工作，继而舞出了一段属于自己的华章。

懂得感恩的人才会热爱工作，热爱工作的人懂得：工作不仅仅可以满足他们的生存需要，它还能使人振作、充实、有活力、有朝气，正因如此，尽责的人一生都绽放着活力和光彩。负责是一种自动自发的行为。换句话说，竭尽全力把工作做好是你应尽的责任，不需任何理由与赞美，这样才能在工作中安身立命，创造美好的生活。

心怀感恩能享受工作

感恩是一种良好的心态，当你以一种感恩的心态对待工作，始终牢记“拥有一份工作，就要懂得感恩”的道理，你会工作得更快乐，你会工作得更出色。

我们有时会感叹工作的平淡无味，有时会心烦工作的琐碎繁重，有时会气馁工作上的某种失败，但只要我们时常怀有感恩的心，便能化腐朽为神奇，从平凡中寻到精彩，从失败中汲取教训。只要我们抱着感恩的心去看待工作，就会发现企业给我们提供了启迪智慧的场所、历练能力的机遇，我们由此获得的便是快乐。我们便能积极地实现在快乐中工作，在工作中享受成功，做一个真正的职场情绪“环保者”。

在世界著名的希尔顿酒店里，有一位保洁员，他在这里工作了将近20年，一直在洗手间做保洁工作。洗手间总是被他打扫得干干净净，他甚至自己花钱在洗手间里放上一瓶高级香水，客人一进来就能闻到一股芳香。客人们对他的服务满口称赞，有的甚至是冲着他的良好服务而专门住进这家酒店。他的朋友都替他惋惜，劝他换份工作，他却骄傲地说：“我为什么要换工作呢？我的工作就是最好的，看到客人们对我的认可，就是我最大的幸福，我又何必换工作呢？”

我们平时的工作也是在享受这个快乐过程。被人信任并予以一定的权利是一件多么快乐的事。职场中的人大多不止一次地抱怨工作多么辛苦，事情多么繁杂，一日复一日地做着重复性的工作又是如何枯燥，不论在家里还是在办公室或在其他场合，有机会就会这样抱怨。其实他们根本不知道，“工作是快乐的，工作着的人是美丽的”。

我国最早的马克思主义者、共产党的创始人之一李大钊曾说过：“我觉得人生求乐的方法，最好的莫过于尊重劳动和工作，一切乐境都可由劳动和工作得来，一切苦境，都可以由劳动和工作解脱。”法国的寓言家拉封丹也说过，“要工作，要勤奋，劳动是最可靠的财富。”不管这些伟人、名家怎么说，实际生活中，只要抱着一颗感恩的心，我们也总会真真切切地感受工作中的乐趣。

二十几年前，大卫刚从日本学成回国，通过大型人才市场招聘会，进入中国一家银行工作，担任办事员；同期的同事中，有他的大学同学吉姆，吉姆是在美国读的研究生，可是职级却比大卫高一级——领组，编制上就是大卫的主管。

同样都是研究生毕业，而且吉姆念的是美国三流大学，大卫念的是日本一流大学，一样是硕士学位，却因为国家有别，待遇就不同。即使如此，大卫并没有因为待遇不如人，就心生不满，仍是认真做事。在国家机关，许多人都是抱着多做多错、少做少错、不做不错的公务员心态。大卫虽然是职级最低的办事员，可是交到他手中的事情，一定尽心尽力做到最好。他觉得有这样一个职位已经很不错了，这是解决自己生存的基础。此外，他也会积极主动找事做，了解主管有什么需要协助的地方，事先帮主管做好准备。这样的工作态度，被当时的上司注意到了。后来，上司调去交通银行时，带去履新的随从人员中，大卫是唯一的办事员。这是很罕见的现象，因为通常都是一些主管跟随过去而已。只有大卫自己心里明白，就是自己对工作一颗感恩的心使自己很努力很认真地工作，最终带给自己更大的回报。

也许你所从事的工作是辛苦、重复而单调的，为了生活，你不得不每天付出8小时或更多的时间去工作。但工作不是一种累赘，这不仅仅是因为工作给我们带来了财富，更因为在工作中我们会体会到了劳动的价值，为了生活不得不工作的说法，未免过于沉重；不如换一种说法：享受工作，享受生活！

感恩同事能同甘共苦

现代企业中的员工，无法离开同事间的合作，总是会得到同事的帮助，正是因为他们的帮助才让我们更加成长。因此，我们要懂得感恩。感谢同事能够和自己同甘共苦。

我们一天中最多的时间是在单位，相处一起时间最多的人是同事，和同事在一起总免不了遇到问题相互帮忙解决，所以对同事的感情不仅深厚，更有一层感激之情。大家一起工作的日子是快乐的，一起奋斗的日子是难忘的。

工作的过程是人与人合作、交往的过程。这里有团结、协作的快乐，我们每一个人都不是孤立、单一的，都要融入到社会、集体这个大家庭中，任何一项工作都需要靠大家的共同努力，才能完成。只要我们都融入到集体和社会中去，通过工作建立同事之间的关系往中，就能得到真诚的友谊和温暖。所以，我们要感谢领导的指导和关心，要感谢同事的合作和帮助。

感恩既是一种良好的心态，又是一种奉献精神。如果你对别人的帮助表示一下谢意，那么彼此的关系就会因此而发生变化，彼此之间的距离也缩短了，感情就有了呼应和共鸣。对方在兴奋欢悦之余会给予你更多的关照、更好的回报，这样工作气氛就会更加友好和谐。

小李是一家电脑公司的编程员，一次在工作中遇到一个难题，他的同事主动过来帮助他，同事一句提醒的话使他茅塞顿开，很快就完成了工作。小李对同事表示了他的感谢，并请这位同事喝酒，他说："我非常感谢你在编那个计算机程序上给我的帮助……"从此，他们的关系变得更近了，小李也因此在工作上获得了很大的成绩。小李很有感触地说："是一种感恩的心态改变了我的人生。我对周围的点滴关怀和帮助都怀强烈的感恩之情，我要竭力回报他们。结果，我不仅工作得更加愉快，所获帮助也更多，工作更出色，我很快获得了公司加薪升职的机会。"

心理学家认为，人与人之间存在"互酬效应"，即你如何对别人，别人也以同样的方式给予回报。道声"谢谢"，看似平常，可它却能传递正能量，引起人际关系的良性互动，成为交际成功的促进剂。

向别人表示你的感谢是一个积极有意义的举动。从你那里得到过感谢的人，会希望将来再次受到你的谢意和肯定，因为他看到自己对你的帮助能够被你认识和赞赏。你衷心的感谢也会换来真心相报，日后，对方还会乐意帮助你的。

感恩是认定别人帮助的价值，从而达到彼此感情交流的一种有效手段。当别人为你做了某些事情后，你应该表示感谢；当别人给予你关心、安慰、祝贺、指导以及馈赠时，你应该表示感谢；别人为你做事而未成功，但那份情意也值得你感谢。

在人与人之间的交往中，多一些感谢，就多一份爱心，多一份温馨。人与人之间的关系会在相互的感激中更加亲密。千万不要忘了你身边的人，你的朋友，你的领导，你的同事，你的家人，他们是了解你、支持你的，说出你对他们的谢意，并用良好的心态回报他们，这样就能得到他们更多的信任、支持和帮助，这是对你大有益处的事，何乐而不为呢？所以生活中，你要常说"谢谢"两个字。

羔羊跪乳、乌鸦反哺。动物尚知感恩，何况人乎？古人说得好，施恩勿念，受恩莫忘，知恩图报必大善也。感恩自己的工作，时刻以良好的心态积极地投入到自己的工作之中，感恩同事对我们工作的帮助和认可，尽自己最大的努力做好各项工作……

感恩公司搭建的舞台

在古代，人们认为“滴水之恩当涌泉相报”。对于那些帮助过我们，为我们提供过满足感和成就感的人们，我们心存感恩，世界上几十亿人能够在一家公司共事就是修来的缘分，所以更应该感恩企业搭建施展自己才华的舞台。

工作为我们提供了稳定的薪水，解决了衣、食、住、行等生存所需，使我们实现了经济安全，让我们的心安定下来，驱除了个人在社会上的漂泊感。工作是一个机会、一个平台，它为我们提供的工作环境、办公设备、各种福利等，成就了我们的事业，成就了我们的价值和人生。从这个意义上来说，工作就是充实自我、表达自我、成就自我的过程，是要用生命去做的事情。明白了这个道理，并以感恩的态度来对待我们的工作，工作就不再成为一种负担，即使是最普通的工作也会变得意义非凡。

微软总部的办公楼里，有一位临时雇用的清洁女工。在整个办公楼几百个雇员里，她是唯一没有任何学历的人，却是工作量最大而拿薪水很少的人。可她也是整个办公楼里最快乐的人！

每一天，甚至是每一分钟，她都在快乐地工作着。她对任何一个人都面带微笑，对任何人的要求，哪怕不是自己工作范围之内的，也都愉快地跑去帮忙。

热情是可以进行传递的，周围的同事也很快被她感染，有很多人和她成了好朋友，甚至包括那些被公认的冷漠的人，没有人在意她的工作性质和地位。她的热情就像一团火焰，慢慢地，整个办公楼的人都在她的影响下快乐了起来。

比尔·盖茨很惊异，终于有一天忍不住问她："能告诉我，是什么让您如此开心地面对每一天吗？"

"因为我在为世界上最伟大的企业工作！"女清洁工自豪地说，"我没有什么知识，我是感激公司能给我这份工作，可以让我有不菲的收入，足够供我的女儿读完大学。而我对这美好的现实唯一可以回报的，就是尽一切可能把工作做好，一想到这些我就非常开心。"

比尔·盖茨被女清洁工那种感恩的精神深深打动了，他动情地说："那么您有没有兴趣成为我们当中正式的一员呢？我想你是微软最需要的员工。"

"当然，那可是我最大的梦想啊！"女清洁工说道。

此后，女清洁工开始用工作的闲暇时间学习计算机知识，公司里的任何人都乐意帮她。几个月后，她真的成了微软的一名正式雇员！

这位女清洁工对工作的感恩，对工作的热情，把工作当做生命中最珍贵的礼物，这样的心态，怎么能不让领导为之动容？正因为具备了感恩精神并付之于积极的行动，世界500强企业的门槛，毫不犹豫地向她敞开了！

工作是我们生命中最珍贵的礼物，也是一切幸福和快乐的源泉。无论你取得了多大的成就，都是在这个礼物的基础上实现的。所以，我们应该培养自己的感恩之心、回报之心，用实际行动来回报这份馈赠！当然，真正的感恩应该是真诚的、发自内心的感激，而不是为了某种目的，迎合领导或者其他人而表现出的虚情假意。与溜须拍马不同，感恩是自然地情感流露，是不求回报的。时常怀有感恩的心，你会变得更谦和、可敬且高尚。每天都用几分钟时间，为自己能有幸成为企业的一员而感恩，为自己能拥有这样一份工作而感恩。

俗话说："滴水之恩，当涌泉相报。"作为现代企业中的员工不能只把感恩停留在口头上，应该把它转化成一种力量，带着感恩的心去工作，真正把感恩之心赴之于行动，去报答领导的知遇之恩。用感恩的心对待工作就不会被花花世界迷惑；用感恩的心对待工作，就会发挥出全部潜能。珍惜才会拥有，感恩才能天长地久，让自己做一个无愧于企业、无愧于领导的人，做一个无愧于他人、无愧于自己的人，做一个用感恩来对待工作的人。

感恩对手成就了自己

从著名的“鲶鱼效应”我们知道：竞争产生对抗，对抗容易产生敌意，因为敌意使人们不愿认输，奋发向上。因为他们的不断“追击”，你才会一点点进步。所以，应该感谢对手成就了自己。

市场上存在的一个有趣的现象：几乎所有成长迅速的企业都不是孤军奋战，而是组成一个类似“双子星”的共同体，比如，我们熟知的百事可乐与可口可乐、麦当劳与肯德基、奔驰与宝马、宝洁与联合利华，等等。当你取得一定成绩的时候，一定不要忘记感谢那些曾经嘲笑你、修理你，给你带来痛苦和烦恼的对手，因为正是他们，才让你不断努力，逐渐成长，进而取得了一定的成绩。

有些人会把对手看作头号敌人，恨不得马上铲除。其实，这种想法是极端错误的，能有一个强劲的对手反而是一种造化、一份福气。对手让你时刻都有危机感，激发你更加旺盛的精神和斗志去做好工作。人是有惰性的，没有人天生就是一个勤劳的人，而人的潜能又是无限的。人本身就存在着矛盾，所以要想克服惰性，发掘自身潜力，需要让自己处于绝境中，感受到一定的压力。

事实上，一个卓越的对手，远比一个平庸的朋友带给你的帮助更大。因此，学会与高手过招，会使你的职业生涯受益无穷。那么，面临高手带给你的巨大压力，该如何应对呢？你需要的不仅是正视对手带给你的压力，更要积极发掘自身潜力，奋发向上。

在公司企划部工作的张大为，历经千辛万苦，终于赢得了领导的赏识和同事的拥戴，眼看就要成为部门主管，可以率领一个团队了。可惜，天不遂人愿，领导不知出于何种考虑，高薪从别处挖来一名业内精英王鹏飞进入部门工作。而且，王鹏飞很快就熟悉了公司环境，利用原有的客户资源，很快就有出色的表现。这让张大为感到前所未有的压力。

单位里每个人都知道，部门主管将由这两人的角逐结果产生。张大为自己更清楚，多年的奋斗和拼搏面临强大的挑战。如何迎战？怎样取胜？败了，如何自处？太多问题困扰着他，令他百思不得其解。

张大为经过冷静思考之后，迅速找到了自己的优势和不足，最终决定扬长避短，奋起反击。他一方面利用自己在公司里的影响力，上下协调，不断完善自己的本职工作，表现出杰出的管理才能。另一方面，他主动与王鹏飞接触，虚心向他请教，不但使双方的关系大为改观，也使自己的业绩有了很大提升。

最终，张大为在竞争中胜出，成为部门主管，而王鹏飞则调到另一个部门当主管，双方皆大欢喜。在以后的工作中，两个人还成了非常好的工作伙伴。

在任何一个行业，都存在着竞争与合作的关系，同事之间就更不用说了。只要你还在这个行业里发展，就难免要和这些行业精英们打交道。因此，妥善处理与竞争对手之间的关系，就显得尤为重要。对此不必抱怨，不必冤冤相报，反而要时刻感谢对方带给你的压力，促使你不断进步。

在工作中，同行、同事之间的竞争在所难免，也无可逃避。但在竞争的过程中，必须注意方式方法，不要把关系搞僵。即使自己失败了，经过这样一场竞争以后，对自己今后的发展也是大有好处。事实上，很多对手都是惺惺相惜，往往不打不相识，最终成为很好的合作伙伴。因此，我们更多的要感谢对手带给我们的挑战。

感恩挫折让我们成长

有句话说得好：在哪儿跌倒，就在哪儿爬起来，把挫折当作对自己的考验，用挫折鞭策自己，最后达到自己理想的目标。没有任何一条成功的道路是平坦的，挫折就是摆在路中间的大石头，只有当你跨过这些石头时，才会成功。作为国企员工，一定要有经得起挫折的能力，正是挫折促使我们成长。

任何事物都是具有两面性的，挫折也一样，只是看你怎样看待它。有人把挫折当做障碍，在挫折面前气馁了、退缩了，那他就是一个失败的人；也有人把挫折当成自己前进的动力，克服困难、汲取教训，朝着自己原定的目标不懈地努力，那等待着他的将是成功。

芸芸众生，没有谁一生都是一帆风顺的，都会在人生的道路上遇到大大小小的挫折，而正是这些大大小小的挫折才谱就了人生那曲平凡而又动听的歌。不要害怕挫折，把挫折当做一扇进屋的门，打开这扇门，你才会看到室内的温馨的风景。记住：假如你吃了一百扇闭门羹，那希望可能就在第一百零一扇门里。

无数历史的事实和社会的实践证明：挫折几乎伴随着人生的全部过程，它像埋伏在人生旅途中的定时炸弹，于不经意间绊你一个或大或小的跟头，使你陷入人生灰色的圈子从而倍感焦虑，甚至失意彷徨，难以自拔。

面对挫折，自强者知道这是人生路上必须搬开的绊脚石，更能从中体验到战胜困难、超越自我的快乐。奥斯特洛夫斯基说得好：“人的生命似洪水在奔腾，不遇着岛屿和暗礁，难以激起美丽的浪花。”如果我们在挫折面前是勇敢进攻，那么人生就会是一个缤纷多彩的世界。也正如巴尔扎克的比喻：“挫折就像一块石头，对弱者来说是绊脚石，使你停步不前，对强者来说却是垫脚石，它会让你站得更高。”

有一天，一个农夫的一头老驴，不小心掉进一口枯井里。农夫绞尽脑汁想救出驴子，但几个小时过去了，驴子还在井里痛苦地哀嚎着，老农毫无办法。最后，这位农夫决定放弃。但回头一想，虽然这头驴子年纪大了，不值得大费周折去救它，不过这口井还是得填起来。再说顺便把这头老驴给埋了，也免得它如此痛苦，毕竟它陪伴了自己多年，也作出过不少的贡献。于是，农夫拿来一把铲子，开始将泥土铲进枯井。

当这头老驴看到主人要把自己活埋时，开始嗷嗷大叫，农夫也陪着掉泪，场面十分凄惨。

出人意料的是，这头驴子突然安静了下来。农夫好奇地探头往井底一看，出现在眼前的景象令他大吃一惊：当铲进井里的泥土落在驴子的背部时，它开始镇定地将泥土奋力抖落在地，然后站到抖落的泥土之上！驴子刚才的沮丧和悲哀此时已经荡然无存，眼神中分明对农夫的“好意”表示心领神会和感激之情。

驴子尚能如此，何况人呢？当处在顺境的时候，我们往往看不到自己的不足和弱点，当遇到挫折的时候，才会反省自身，看清自己的弱点和不足，并认真加以总结、改进。经受挫折是必修课，但也不能让自己经常陷入挫折之中。因此，我们面对挫折只要认真分析原因，正确面对，采取措施改变挫折，同样可以变逆境为顺境，变失败为成功。

所以说，挫折就是人生的催熟剂，我们都应该感谢挫折，而不是躲避挫折。

任何一份工作，都不可能是十全十美的，也都不可能如你想象的那般美好。但不可否认的是，任何一份工作都能磨炼你的意志，带给你许多宝贵的经验。所有企业是相通的，不管哪家企业、哪份工作都能让你感受到成功的喜悦、晋升的激动、加薪的兴奋等。这些都能让一个员工逐渐走向成熟、走向成功，也是职场人士必不可少的经验和财富。你之所以拥有今天的经验、技巧、阅历，都是工作带给你的回报。

我们感恩工作，就要感恩工作中的困难和挫折。要知道，只有经历风雨后才会出现彩虹，也只有经过困难后的成功才弥足珍贵。

工作中犯了错误并不可怕，它带给我们经验和教训，避免让我们再犯类似的错误；被别人批评和轻视，对自己是一种磨炼，它能磨炼我们的意志，让我们及时发现自己的不足，进而改正缺点，变得更加成熟和优秀。通过自己的努力和奋斗，任何困难都是可以克服的。所以我们应该感谢挫折让我们成长。

感恩客户使我们完美

说起来客户，从上帝到衣食父母，都形象地说明客户对我们的重要性。善待客户，就是善待自己，与客户保持主动的沟通，理解客户的难处，才能保持良好的客户关系，实现整个公司的大发展。

我们在工作中，总会发现有一些挑剔的客户，他们总是对我们的产品或者服务提出各种各样的意见，无论我们怎么做，他们似乎都不满意。这个时候，我们很容易手足无措，甚至想要放弃。其实，挑剔的客户就像一块难啃的硬骨头，如果我们硬碰硬地去接触他们，很难取得成功，但是如果我们用心思考，对症下药，再挑剔的客户也能维护好。再挑剔的客户也有明确的需求，他们挑剔的原因可能是他们的要求比较独特，而我们的解决方案并没有迎合他们的想象，因此，对待挑剔的客户，关键要看我们能不能捕捉到客户的想象，能不能找到拨动客户心弦的点子。

有一天，销售员李林在办公室接到一个询问电脑成批更新电话，他很高兴，感觉对方应该是一个很大的客户。于是，他耐心地向对方介绍了公司的情况，并详细询问了对方对电脑性能的要求，并根据客户的需求推荐了合适的型号。对方表示需要向领导汇报一下再跟他联系。可是接连两天，李林都没有接到那个客户的电话，于是，他决定如果第三天还没有接到电话就主动打电话过去询问一下情况。

就在第三天中午，那个客户终于打电话过来了，说希望李林去他们公司做一下产品情况的讲解，李林很高兴，认为应该就快签约了。于是，李林兴高采烈去了那个客户那里，但发现6家十分知名公司的业务员都在。李林有些失望了，但是他很快调整了心态，他告诉自己，无论如何，这也是个机会，既然来了就要尽可能地争取。于是，他认认真真地根据客户的需求介绍了自己公司合适的产品。讲解完之后，客户让他先回去等消息。

又过了一个星期，客户还是没有任何消息，李林主动打电话过去询问，可是打了几次，负责人一直不在，最后得知是出差了。不过在打电话的过程中，李林并没有因为负责人不在就很快挂断了电话，因为接电话的人他在上次去讲解的时候见过，于是每次打电话也都聊上几句。其中有一次恰巧对方的电脑出现了一些问题，他还一直在电话里面告诉对方如何处理，最后帮助那个人解决了问题。

就在李林耐心等待的时候，他突然接到了客户负责人的电话，要采购3000台电脑，要他过去签合同。并说，他的同事告诉他说李林很有耐心，采购他们的产品也一定会得到良好的售后服务。

与客户打交道，免不了要进行多次的接触、谈判、讨价还价，很多人认为这是一件十分令人厌烦的工作，很多时候都是在做无意义的争论，方案已经很好了，还要改进，合同已经很严谨了，还要推敲。产生了这种想法，你的工作就已经失败了一半，或者说，你根本不可能在你工作的领域取得辉煌的成绩。与客户的多轮谈判并不是索然无味的，细心去发掘就会发现，每一轮都会有新的收获，这并不是一种折腾或者折磨，而是一个很好的学习提高的机会！

客户的批评和责怪，无论对于我们个人还是对于整个企业，都有着十分重要的意义。一个成熟的企业，会有完善的客户反馈机制，他们会想尽办法收集客户的任何看法，如果能够听到客户的批评，那更是非常难得。所以我们要感谢就是因为客户的折腾让我们的产品和自身都趋于完美。